体育文化建设与东盟体育文化传播研究

谢磊　凌红　邢凡东　著

辽宁大学出版社　沈阳

图书在版编目（CIP）数据

体育文化建设与东盟体育文化传播研究/谢磊，凌红，邢凡东著. --沈阳：辽宁大学出版社，2024.12.
ISBN 978-7-5698-1879-6

Ⅰ.G80-054

中国国家版本馆CIP数据核字第2024G757T8号

体育文化建设与东盟体育文化传播研究
TIYU WENHUA JIANSHE YU DONGMENG TIYU WENHUA CHUANBO YANJIU

出 版 者：	辽宁大学出版社有限责任公司
	（地址：沈阳市皇姑区崇山中路66号　邮政编码：110036）
印 刷 者：	沈阳市第二市政建设工程公司印刷厂
发 行 者：	辽宁大学出版社有限责任公司
幅面尺寸：	170mm×240mm
印　　张：	13.25
字　　数：	210千字
出版时间：	2024年12月第1版
印刷时间：	2025年1月第1次印刷
责任编辑：	李珊珊
封面设计：	韩　实
责任校对：	夏明明

书　　号：ISBN 978-7-5698-1879-6
定　　价：88.00元

联系电话：024-86864613
邮购热线：024-86830665
网　　址：http://press.lnu.edu.cn

前　言

在全球化的今天，体育不仅是竞技和娱乐的领域，更是一种文化现象，它跨越国界，连接不同的民族和国家。《体育文化建设与东盟体育文化传播研究》一书正是基于这样的背景，旨在探索体育文化在建设与发展中的深层意义，以及它在东盟国家间的传播和交流中所扮演的角色。随着"一带一路"倡议的推进，中国与东盟国家间的体育文化交流日益频繁，体育文化已成为促进相互理解和友谊的重要桥梁。

本书以体育文化为核心，深入探讨了体育文化的概念、特征、类型以及它在人的社会化过程中的作用。进一步，书中分析了体育文化建设的价值和作用，尤其是在软实力建设中的重要性。同时，本书也关注了体育文化在不同维度的建设与发展态势，包括竞技体育、民族传统体育、学校体育以及社会体育文化等方面。特别地，书中对东盟民族体育文化进行了细致的内容与特征分析，揭示了其独特性、地方性、区域性、多样性、竞技性以及同质性与发展性。此外，本书还探讨了中国与东盟在体育文化方面的交流与融合，以及在"一带一路"背景下的传播与发展策略。

本书的特点体现在其系统性、深入性和前瞻性。系统性体现在对体育文化建设的全面分析，从理论到实践，从国内到国际，构建了一个多维度的体育文化研究框架。深入性则表现在对体育文化各个层面的深入挖掘,不仅关注体育文化的表面现象,更注重其背后的社会文化意义。前瞻性则体现在对体育文化发展趋势的预测和对中国—东盟体育文化交流前景的展望,为未来的体育文化交流提供了理论支持和实践指导。

  本书在写作的过程中得到许多专家学者的指导和帮助,在此表示诚挚的谢意。书中所涉及的内容难免有疏漏与不够严谨之处,希望读者和专家能够积极批评指正,以待进一步修改。

作　者
2024 年 10 月

目　录

前　言 …………………………………………………………………… 1

第一章　解读体育文化 …………………………………………………… 1

第一节　文化与体育文化 ……………………………………………… 1

第二节　体育文化的特征与类型 ……………………………………… 19

第三节　体育文化与人的社会化解读 ………………………………… 31

第二章　体育文化建设的作用与价值体现 ……………………………… 40

第一节　体育文化的软实力建设作用 ………………………………… 40

第二节　体育价值及其文化评判 ……………………………………… 44

第三节　体育价值的文化开发向度 …………………………………… 53

第三章　体育文化的多维建设及其发展态势 …………………………… 65

第一节　竞技体育的精神文化建设 …………………………………… 65

第二节　民族传统体育文化的发展 …………………………………… 73

第三节　学校体育文化价值与改革发展 ……………………………… 80

第四节　社会体育文化建设与发展策略 ……………………………… 86

第四章　东盟民族体育文化的内容与特征分析 ………………………… 101

第一节　东盟民族体育文化的内容体系 ……………………………… 101

第二节　东盟民族体育文化的独特性与地方性 ………………… 113

第三节　东盟民族体育文化的区域性与多样性 ………………… 116

第四节　东盟民族体育文化的竞技性与变异性 ………………… 121

第五节　东盟民族体育文化的同质性与发展性 ………………… 127

第五章　中国—东盟体育文化的交流与融合发展 ………………… 134

第一节　中国—东盟民族体育文化的差异分析 ………………… 134

第二节　中国面向东盟国家的体育文化传播 …………………… 144

第三节　中国—东盟体育文化融合发展的背景依据 …………… 152

第四节　中国—东盟体育文化融合发展的方式方法 …………… 167

第六章　"一带一路"背景下中国与东盟体育文化的传播发展 …… 177

第一节　"一带一路"背景下中国体育文化的传播研究 ………… 177

第二节　中国与"一带一路"沿线关键国家双边体育交流价值 … 190

第三节　"一带一路"背景下中国—东盟体育文化的交流发展 … 193

参考文献 ……………………………………………………………… 202

第一章 解读体育文化

第一节 文化与体育文化

一、文化的定义、特征与结构

(一) 文化的定义

文化,作为一个历史悠久且内涵丰富的概念,一直是学术界探讨的核心议题。从词源学的角度来看,文化的内涵不仅包含了土地耕种、动植物培养等物质层面的活动,也涵盖了精神修养等精神层面的追求。这些活动共同体现了人类在社会实践中对文化创造的重视和作用。

从广义的角度来看,文化是人类社会实践过程中所获得的能力和创造的成果的总和。这包括了物质文化和精神文化的各个方面。物质文化主要指的是人类通过劳动和智慧创造出来的物质产品,如工具、建筑、服饰等,它们是人类适应和改造自然环境的物质基础。而精神文化则更多地关注人类的思想、信仰、艺术、道德、法律等非物质层面的创造,它们体现了人类对于意义、价值和美的追求。

狭义的文化则更侧重于精神生产能力和精神产品。精神文化是人类智慧的结晶,它不仅包括了文学、艺术、哲学等传统领域,也涵盖了科学、教育、传媒等现代社会中的精神创造活动。这些活动和成果不仅丰富了人类的精神世界,也为社会的进步和发展提供了动力和方向。

文化的价值观念在社会实践中的对象化,是人类通过符号介质进行传播和实现的过程。这一过程涉及语言、文字、图像、声音等多种符号系统，它们是人类沟通思想、传递信息、表达情感的重要工具。通过这些符号系统，人类不仅创造了丰富多彩的文化产品，也在不断地塑造和提升自身的心智水平。

文化的存在和发展与人类的存在和发展是密不可分的。文化是人类社会特有的现象，它既是人类适应环境、改造世界的工具，也是人类自我认识、自我表达的方式。文化概念的形成和发展，反映了人类对自身存在和作用的不断探索和认识。随着人类社会的发展，文化也在不断地演变和丰富，它既是历史的积淀，也是未来的引领。

（二）文化的特征

1. 学习性

在人类行为的形成过程中，学习行为占据了显著的地位。与本能行为相比，学习行为是通过后天的经验和教育获得的，它们构成了人类行为的主体，并在人类社会文化中发挥着核心作用。人类的学习行为不同于动物的本能行为，它不仅仅局限于生存的基本需求，而是扩展到了更为复杂和多样化的社会文化实践中。人类社会的成员通过长期地学习和训练，逐渐适应并参与到社会生活中。这一过程不仅包括了基本的生存技能的学习，也包括了更为抽象的文化价值观念、社会规范和行为模式的学习。

从生物学的角度来看，人类的体质特征为学习行为提供了基础。人类的大脑结构复杂，具有高度的认知能力和适应性，这使得人类能够通过学习和模仿来掌握复杂的社会技能和文化知识。人类的语言能力、抽象思维能力和计划制定能力等，都是在长期的社会实践中逐渐发展和完善的。

在文化学习的过程中，个体不仅学习如何与物理环境互动，更重要的是学习如何与社会环境互动。这包括了解和遵守社会规范、理解他人的行为和意图，以及使用语言和符号系统进行沟通和表达。这些学习行为使个体能够融入社会，成为社会文化的一部分。

尽管遗传特征为人类行为提供了基础，但后天的文化学习对人类行为的影响更为深远。文化学习不仅涉及个体的成长和发展，也涉及社会传统和知识的传承。通过文化学习，个体能够继承和发扬社会文化，同时也能够对文化进行创新和变革。

文化的学习性特征还体现在其动态性和适应性上。随着社会的发展和环境的变化，文化也在不断地演变和调整。个体通过学习新的知识、技能和行为模式，能够适应社会的变化，保持文化的活力和相关性。这种学习和适应的过程是人类文化得以持续发展和繁荣的关键。

2. 发展性

文化作为人类社会发展的重要组成部分，其本质在于不断地演变与进化。从历史的角度来看，人类文化经历了从简单到复杂的发展过程。随着时间的推移，人类的生活方式、生产方式以及思维方式都发生了深刻的变化。从早期的原始社会到现代的工业和信息社会，文化的发展不仅体现在物质层面，更体现在精神和制度层面。文化的发展带来了社会结构的优化、科技的进步以及价值观念的更新，这些都是人类从原始状态走向现代文明的重要标志。

文化的发展和变迁是一个动态的、持续的过程。虽然在特定的历史阶段和社会环境中，文化可能会表现出一定程度的稳定性，但这种稳定是相对的、暂时的。从长远来看，文化的变化和发展是不可避免的，它是人类社会适应环境、解决问题和追求进步的必然结果。

文化的发展变化不仅是对外部环境的适应，也是对内部需求的响应。随着人类对自身认识和外部世界的认识的不断深化，文化的价值观念、行为模式和社会制度也在不断地演化和完善。文化的发展推动了个体的自我实现和社会的整体进步，为人类社会的持续发展提供了动力和方向。

3. 时代性

每一个历史时期，都有其独特的文化类型，这些文化类型不仅反映了当时的生产力和科技水平，也体现了社会结构和思想观念的特点。从石器时代的原始文化，到青铜器、铁器时代的农业文明，再到蒸汽机、电力和信息时代的工业和后工业文明，每一种文化类型都是人类适应自然、改造社会、追求进步的历史见证。

在文学领域，不同时代的代表性文学样式，如赋、诗、词、曲等，不仅是艺术形式的变迁，更是文化精神和社会情感的体现。这些文学样式在各自的时代中达到了高度的繁荣，成为那个时代的文化标志。它们不仅反映了当时的社会生活和人们的精神追求，也对后世产生了深远的影响。

时代的变迁不可避免地带来文化类型的演变。随着生产力的发展和社会关系的变革，旧的文化类型逐渐被新的文化类型所取代。然而，这种演变并不意味着文化的断裂，而是文化的连续性和发展性的体现。新时代的文化类型在继承前人优秀文化成果的基础上，结合新的社会实践和思想创新，形成了具有时代特色的文化体系。

4. 综合性

在探讨文化系统的本质与结构时，学者们普遍认同将文化划分为物质文化、制度文化和精神文化三个基本维度。这种分类不仅有助于理解文化的多样性和复杂性，而且揭示了文化要素之间的内在联系和相互作用。

物质文化层面，涵盖了人类生产和生活的具体物质形式，如工具、建筑、服饰等，它们是文化的物质载体，反映了一个社会的物质文明水平和技术水平。制度文化层面，则包括了社会组织、法律规范、政治制度等，这些制度构成了社会运行的基本框架，规定了人们的行为准则和社会秩序。精神文化层面，则是文化的最深层次，包括价值观念、艺术表现等，它是文化的灵魂，体现了一个民族的精神追求和内在品质。

在任何一个文化系统中，子文化的存在是不可忽视的。子文化是文化系统中的一个分支，它具有自身的完备性，表现为一个独立而统一的文化实体。子文化不仅包含了物质、制度和精神文化的各个方面，而且这些方面相互关联、相互渗透，形成了一个有机的整体。这种整体性是通过对共同价值观念的认同和相似行为模式的遵循来实现的。

值得注意的是，文化要素和成分的多样性并不意味着它们是孤立存在的。相反，它们在文化系统中是相互依存、相互影响的。例如，物质文化的发展往往受到制度文化和精神文化的制约，而制度文化的变迁又可能源于价值观念的演变。这种相互作用和整合，使得文化系统呈现出一种动态的平衡状态，既保持了稳定性，又具有适应性和发展性。

5. 政治、经济性

在一个国家的全面发展中，政治、经济与文化三者相互关联，相互影响。文化不仅是社会生活的反映，也是政治和经济结构的体现。在阶级社会中，不同阶级和阶层的人们因其经济地位和政治立场的差异，对文化有着不同的需求和期望，这些需求和期望在一定程度上塑造了文化的多样性和复杂性。

物质生产水平和经济关系是影响文化生存和发展的关键因素。经济基础决定上层建筑，经济关系的变化直接影响着社会的政治结构和文化形态。在不同的经济条件下，文化表现出不同的特征和趋势。例如，在经济繁荣时期，文化往往更加开放和创新，而在经济萧条时期，文化可能更加保守和内向。文化的发展与经济的进步相互作用，共同推动社会的整体进步。

政治环境对文化的影响同样不容忽视。政治体制和政策导向在很大程度上决定了文化政策和文化发展方向。开明的政治环境有利于文化多样性的发展和文化创新的鼓励，而专制的政治环境可能导致文化单一化和创新的压制。文化与政治的关系是双向的，文化不仅受政治的影响，同时也能够对政治产生反作用，通过文化的力量促进政治文明的进步。

然而，文化的发展并不总是与经济的发展同步。有时文化可能会在经济不景气的情况下繁荣发展，反之亦然。文化有着自己的发展规律和周期，它既受到经济基础的影响，也有着相对的独立性。文化的独立性意味着文化发展有时能够超越经济基础的局限，展现出独特的价值和意义。

在现代社会，政治、经济、文化、社会管理、生态文明与党的建设等多方面的协调发展成为治国理政的重要策略。这种全面的发展观强调了文化在社会发展中的重要地位，认为文化是社会和谐与进步的关键因素之一。通过加强文化建设，不仅能够促进文化自身的繁荣，还能够推动政治文明和经济发展，实现社会的全面和谐。

6. 具体性

文化具有具体性的特征，这使得它在不同的社会、国家和民族中呈现出独特的形态和内涵。文化是人类活动的产物，是人们在社会实践中创造和积累的知识、信仰、艺术、道德、法律等成果的总和。这些成果不仅反映了人类对自然界和社会的认识和改造，也体现了人类的价值观念和精神追求。

文化的具体性首先表现在其与特定社会的紧密联系上。每个社会都有其独特的历史背景、地理环境和社会结构，这些因素共同塑造了该社会特有的文化系统。这一文化系统通过一系列规则和机制，如法律、制度、习俗、思维方式和价值系统等，引导和约束着社会成员的行为。这些规则和机制不仅规范了人们的行为模式，也影响了人们的情感和思想，使得个体的行为与群体的价值目标和发展方向保持一致。

文化的具体性还体现在其对个体行为的影响上。文化通过教育和传播，将社会的价值观念和行为规范内化为个体的行为准则。个体在成长过程中，通过学习和模仿，逐渐习得并接受特定的文化模式。这些文化模式成为指导个体行为的内在标准，影响着个体的决策和选择，使得个体的行为符合社会的期望和要求。

此外，文化的具体性还表现在其适应性和变迁性上。随着社会的发展和变迁，文化也在不断地调整和更新。新的社会实践和知识创新推动文化的变革，使得文化能够适应新的社会需求和挑战。文化变迁是一个渐进的过程，它既包括了对传统文化的继承和发扬，也包括了对传统文化的批判和超越。

文化的具体性特征强调了文化研究的重要性和复杂性。文化研究需要深入到特定的社会和历史背景中，理解文化的内在逻辑和功能机制。同时，文化研究也需要关注文化的变迁和发展，探讨文化如何适应社会的变化，以及文化如何影响社会的发展方向。

7. 连续性

文化的连续性不仅体现在文化的历史传承上，也体现在文化的发展和创新上。文化的历史连续性是社会传承的结果，是人类社会实践和精神活动的累积效应。随着时间的推移，文化在传承的过程中不断地被重新诠释和赋予新的意义，从而形成了丰富的文化传统。

在文化的传承过程中，个体和集体总是有选择地继承和发展前人的文化遗产。这种继承不是简单地复制，而是在批判的基础上进行的。人们根据自身的需求和理解，选择性地吸收和保留那些有价值的文化遗产，同时对不适应现代社会发展的部分进行改革和创新。这种批判性的继承确保了文化的连续性，使其能够适应社会的变化和发展。

文化的创新是连续性的另一重要方面。在继承的基础上，人们不断地创造和发展新的文化元素，推动文化的前进。创新不仅包括新知识、新技术的引入，也包括新观念、新价值的产生。这些创新使文化保持活力，增强其对外部挑战的适应能力，确保文化在全球化和多元化的背景下不失其独特性和多样性。

文化的连续性还体现在其与生物学遗传的区别上。文化传承不是通过生物学遗传的方式进行的，而是通过社会实践和教育来实现的。文化的价值和意义是通过个体的社会化过程逐渐内化的。这种传承方式使得文化具有更大的灵活性和可塑性，能够根据社会的需求和条件进行调整和变化。

8. 辩证统一性

文化辩证统一性的特征，体现了文化的民族性和世界性的有机结合。每个民族的文化都有其独特的特点，这些特点是在长期的历史发展过程中，适应本民族的社会环境、生产条件和文化心理而形成的。民族文化的多样性和特异性，是其民族性的体现，它反映了一个民族的历史渊源和文化积淀，构成了该民族的文化特质。

然而，文化的民族性并不是孤立存在的。在全球化的大背景下，各民族文化之间的交流与互动日益频繁。文化的传播和交流，使得各民族能够在保持自身特色的同时，吸收和融合外来文化元素，从而促进文化的共同发展。这种文化的交流和融合，不仅丰富了各民族的文化内涵，也推动了世界文化的多样性和共同繁荣。

文化的辩证统一性还表现在民族性与世界性的相互关系上。文化既是民族的，也是世界的。一个成熟的文化，虽然具有鲜明的民族特色，但其价值和意义超越了民族的界限，成为全人类的共同财富。这种文化的世界性，使得文化能够在更广阔的范围内传播和影响，成为连接不同民族和国家的桥梁。

在历史的长河中，文化交流始终是一个持续不断的过程。即使在交通和信息相对闭塞的古代，文化交流也通过经商、人员往来等多种渠道进行。这种交流不仅促进了文化的传播，也促进了文化的创新和发展。文化的辩证统一性特征，使得文化能够在保持民族性的同时，实现世界性的扩展和融合。

（三）文化的结构

文化的结构是理解文化现象的关键，它构成了文化作为一个有机整体的内在关系和组织形态。文化结构不仅是对文化整体性的内在关系的抽象表达，而且具有自我解释和形式化的能力。这种结构决定了文化的性质和功能，是文化存在和发挥作用的基础。

文化结构可以区分为表层文化结构和深层文化结构。表层文化结构通常指的是那些容易观察和描述的文化现象，如物质文化、社会制度、风俗习惯等。这些文化现象直接反映了人们的生活方式和社会行为，是文化外在表现的直接体现。深层文化结构则涉及更为抽象和内在的文化要素，如价值观念、思维方式、道德信仰等。这些要素虽然不易直接观察，但对文化的长期发展和稳定性有着深远的影响。

文化层次的理论进一步细化了文化结构的复杂性。根据"三层次说"，文化被视作一个由内而外的同心圆结构，其中表层为物质层面，包括工具、技术、设施等物质文化产品；中层为制度层面，涵盖了政治、法律、教育等社会制度；深层为心理层面，包括价值观念、审美情趣等文化心理特征。而"四层次说"则进一步将文化分为物质文化、社会关系、风俗习惯与艺术文化、精神文化四个层次，每个层次都有其独特的文化要素和功能。

物质文化层次是文化结构的基础，它包括了人类生产和生活的物质条件，如建筑、服饰、工具等。这些物质产品不仅是人类适应和改造自然的结果，也反映了人们的生活方式和社会关系。制度层次则是文化的规范性结构，它通过法律、规则、制度等形式，规定了社会成员的权利和义务，维护了社会的秩序和稳定。风俗习惯与艺术文化层次则是文化的表现形式，它包括了人们的日常生活习惯、节日庆典、艺术创作等，体现了民族的文化特色和审美追求。最后，思想与价值层次是文化结构的核心，它包含了人们的世界观、人生观、价值观等深层次的文化心理特征，是文化连续性和发展动力的源泉。

在文化的演变过程中，物质的、有形的变迁往往较为明显和迅速，而无形的、精神的变迁则相对缓慢和困难。这是因为物质文化的改变通常伴随着技术进步和经济发展，而精神文化的变迁则需要深层次的价值观念和思维方式的转变，这需要较长的时间和持续的文化努力。

二、体育文化的释义、结构及功能

（一）体育文化的释义

1. 体育结构和大文化具有一致性

体育文化，作为文化的一个亚形态，其结构与大文化具有一致性，体现了文化的层次性和系统性。体育文化的物质层面、观念层面、制度层面和行为层面共同构成了体育文化的完整结构，这些层面相互联系、相互影响，共同推动体育文化的发展和传播。

在物质层面，体育文化通过体育场馆、装备器械、服装鞋帽等器物的特定设计和使用，展现出其独特的物质文化特征。这些物质文化产品不仅满足了体育活动的实际需求，也成了文化传播和交流的媒介。体育服饰的设计思想、基本色调、款式和用料等无不体现出民族的文化特征，既接续着民族文化传统的元素，也展现出民族文化的时代风格。体育器械的设计和制造同样反映了特定时代的文化需求和技术水平。

在观念层面，体育文化蕴含了特定的思想、宗旨和主义，如公平竞争、团队合作、健康生活等，这些观念指导着体育活动的开展，并影响着人们的价值取向和行为模式。体育精神的形成和发展，是体育文化在观念层面的集中体现，它激励着人们追求卓越、挑战自我。

制度层面的体育文化体现在体育的法律法规、体制机制、道德规范和技术规范中。这些制度保障了体育活动的规范化和有序化，同时也反映了社会对体育的重视和期待。体育规则的制定和执行，是体育文化制度层面的重要组成部分，它确保了体育活动的公平性和安全性。

在行为层面，体育文化通过各种运动项目和体育赛事，展现了人们在时间和空间中的身体活动和社交互动。体育运动项目和赛事不仅是体育竞技的体现，也是文化传承和创新的过程。体育竞赛作为人类有组织的活动，是各种文化元素交流、碰撞和升华的重要平台。体育运动竞赛的过程本身就是文化的洗礼，它展现了体育文化在行为层面的活力和影响力。

体育文化的渗透力表现在其对经济、政治、社会生活和个人日常生活的深远影响。体育产业的发展推动了经济领域的拓展，体育外交促进了国际的交流与合作，以体育为主题的科学研究、文学艺术创作等文化活动日益丰富。体育休闲已经成为公众生活的一部分，体现了体育文化在生活中的普及和重要性。

体育作为文化的亚形态，其发展与整个文化的互动共生关系密切。体育不仅推动了文化的发展，也受到文化的影响和塑造。体育的文化生成与人类的生存和发展紧密相关，对人们的身心关系、社会关系和自然环境的关系产生了深远的影响。体育的文化生成促使体育形成了稳定的运动形式、常规的赛事、可通约的文本和普适的话语，这些都成为文化传承和创新的重要内容。

2. 体育与整个文化互动共生

体育，作为一种文化现象，不仅展现了文化的多样性，而且在文化的发展和传播中起到了关键作用。"随着经济全球化发展和社会文明的进步，体育在国家乃至世界的发展中都被视为一种精神和力量的表现，体育活动开展的形式也逐渐趋于现代化和全球化"[①]，体育与文化的互动共生体现在多个层面，包括文化的产生、传承、交流和提升等方面。

（1）体育在文化的产生中起到了催生作用。在人类早期的实践活动中，体育作为一种基本的身体运动形式，与劳动紧密相连，共同构成了人类早期的活动方式。这些活动不仅满足了生存的基本需求，而且在模仿和学习的过

---

① 王淑艳，顾伟黎，王志玲. 民族传统体育文化传承及发展研究［J］. 文体用品与科技，2023，13 (13)：98−100.

程中逐渐形成了文化。体育的这种原始形式，实际上是一种文化创造的过程，它推动了人类社会从原始状态向文明状态的转变。

（2）体育在文化的传承中发挥了重要作用。体育活动的形式和规则，往往与特定的社会和文化背景紧密相关。这些活动和规则在代际之间传递，成为文化传统的一部分。体育活动的普及和发展，使得文化得以在更广泛的范围内传播和接受，从而加强了文化的连续性和稳定性。

（3）体育在文化交流中起到了桥梁作用。体育的共通性使得不同文化背景的人们能够通过体育活动进行交流和互动。体育赛事和活动成为文化交流的平台，不同国家和地区的人们可以在这些活动中分享自己的文化经验，同时也学习和吸收其他文化的特点。这种交流促进了文化的多样性和世界文化的融合。

（4）体育在文化的提升中起到了推动作用。体育不仅是一种身体活动，也是一种精神活动。体育精神，如公平竞争、团队合作、自我超越等，是文化价值观念的重要组成部分。这些价值观念在体育活动中得到体现和弘扬，从而推动了文化的进步和提升。

体育的文化生成是一个复杂的过程，它涉及文化的多个方面。体育文化的生成不仅丰富了文化的形式和内容，还扩展了文化的功能。体育文化的生成是一个动态的过程，它随着社会的发展和人类需求的变化而不断演变和完善。

（二）体育文化的结构

体育文化的结构涉及体育文化系统在发展过程中的内在组织和功能。体育文化的结构不是简单的元素堆砌，而是一个有机的、有组织的复合体，其各个组成部分相互影响、紧密联系，形成一个动态的、开放的系统。这一系统由四个主要层面构成，每个层面都在体育文化的整体性和功能性中发挥着不可或缺的作用。

体育物质层是体育文化的基础层面，它为体育文化的实践活动提供了物质保障。这一层面包括了体育设施、器材、体育雕塑、体育服装以及各种体育形态等。这些物质元素不仅是体育活动得以进行的基础，也是体育文化外在表现的重要组成部分。体育物质层的存在和发展，为体育文化的其他层面提供了必要的物质条件和发展空间。

体育制度层是体育文化的规范层面，它通过各种规章制度对体育行为进行规范和约束。这一层包括了国家和学校制定的体育法规、条例以及体育运动的裁判规则等。体育制度层的存在确保了体育活动的有序进行，同时也体现了体育文化的权威性和规范性。此外，体育部门、体育协会、运动队、体育俱乐部等体育组织及其组织规则也是体育制度层的重要组成部分。

体育行为层是体育文化的表现层面，它涵盖了体育文化主体在实践活动中的行为规范和表现方式。这一层面主要以体育习惯的形式存在，反映了体育文化的传统和特色。体育行为层是体育文化在个体和集体中的直接体现，它展示了体育文化的活力和多样性。

体育精神层是体育文化的核心层面，它包含了体育思维方式、体育审美情趣和体育价值观念等。体育价值观念是体育文化的核心，它决定了体育文化的发展目标和方向。体育精神层不仅蕴含着文化主体的认知、情感、价值和理想成分，而且体育精神是体育文化活动中最为活跃的因素。它决定了体育文化的行为表现效果，影响着体育文化传统的形成和文化走向，体现了文化主体的主观愿望和文化品位。

在体育文化的结构中，体育精神文化是最为关键的层面，它不仅对其他层面有着深远的影响，而且对整个体育文化系统的稳定性和发展起着决定性的作用。体育精神文化的活跃性和主导性，使得体育文化能够不断地适应社会的变化，满足人们的需求，推动体育文化的发展和进步。

（三）体育文化的功能

体育文化是一个大系统，包括众多的子系统，其中的每个文化因子都具有特殊的文化功能，是它的诸要素与外部环境相互联系中表现出来的作用和能力。体育文化功能的发挥，也是体育文化的主体——人展示自己主体性的过程。

1. 健身功能

体育文化作为一种特殊的文化现象，其健身功能在提升人类生命质量方面发挥着重要作用。体育的本质在于促进人的自然化，这一观点强调了体育在维护和发展人的自然属性方面的核心价值。在现代社会，科技的快速发展虽然为人类带来了诸多便利，但同时也带来了一系列健康问题，即所谓的"文明病"。体育文化在预防和缓解这些问题方面扮演着至关重要的角色。

体育文化通过其深厚的生理学基础，对人类的生理机能产生积极影响。适宜的体育运动能够改善和提高呼吸系统和心血管系统的机能与形态，增强身体的免疫能力，塑造健美的形体。这些生理上的积极变化直接提升了个体的健康状况，增强了对各种疾病的抵抗力，从而提高了人类的生命质量。

此外，体育文化还具有重要的心理和社会功能。体育运动不仅能够调节人们的情绪，减轻压力和焦虑，还能够增强人们的社会交往能力，丰富社会生活。在现代社会，个体的心理健康和社会适应能力越来越受到重视，体育文化在这方面的作用不容忽视。通过参与体育活动，人们不仅能够享受到运动带来的快乐，还能够在社会互动中获得归属感和满足感。

体育文化的健身功能已经成为社会的需求。随着社会的发展和人们生活水平的提高，对健康的关注也日益增强。体育运动不仅被视为提高社会生产力的一种手段，更是保障人体健康和正常生命活动的重要方式。体育文化的普及和发展，已经成为现代社会追求高质量生活的一个重要方面。

2. 教育功能

体育文化的教育功能是其多维价值的重要体现，它在人的成长和发展过程中发挥着不可替代的作用。体育文化通过各种形式的活动，如运动技能的学习、体育竞技的观赏、娱乐活动的参与等，潜移默化地影响着个体的体质、性格和生活方式。

在人的成长的各个阶段，体育文化都扮演着教育者的角色。在儿童和青少年时期，体育教育着重于促进生长发育、增强体质和掌握基本的运动技能。通过体育活动，儿童和青少年能够学习到如何协调身体动作、如何与他人合作以及如何面对竞争和挑战。这些早期的体育经历为他们奠定了健康生活方式的基础，并培养了积极的生活态度和良好的心理素质。

随着个体的成长，体育文化的教育功能也逐渐扩展。它不仅关注于身体素质的提高，更加强调培养终身从事体育活动的兴趣和习惯。这种教育目标的转变反映了现代社会对于健康生活方式的追求和对于生活质量提升的需求。通过参与体育活动，个体能够不断改善自己的生活方式，提高生活质量，从而更好地适应现代社会的快节奏和高压力。

体育比赛作为体育文化的重要组成部分，具有显著的教育功能。它能够培养个体的顽强意志和竞争创新意识。在体育竞技的过程中，参与者学会了如何面对困难和挫折，如何挑战自我和超越极限。同时，体育比赛还能够增强个体的团队精神和集体荣誉感。通过团队合作，个体学会了相互支持、共同进退，这对于培养个体的社会责任感和集体意识具有重要意义。

体育文化的教育功能还体现在其对个体情感和社会性的培养上。体育活动能够激发个体的爱国情感和民族自豪感。在国际体育赛事中，运动员的出色表现往往能够唤起国民的爱国热情，增强国家的凝聚力。此外，体育文化还能够作为一种社会纽带，连接不同背景、不同年龄和社会阶层的人们，促进社会的和谐与稳定。

3. 凝聚功能

体育文化作为一种特殊的社会文化现象，具有强大的凝聚功能。这种功能不仅体现在能够将不同背景、不同信仰的人们聚集在一起，而且还能作为一种精神力量，加强民族团结和社会凝聚力。

（1）体育文化的凝聚功能表现在其能够跨越思维方式、思想观点和价值理念的差异，将人们团结在一起。体育赛事，如奥运会、世界杯等国际性体育活动，吸引了来自世界各地的运动员和观众，他们因为共同的兴趣和目标而聚集在一起，共同分享体育带来的激情和快乐。这种超越文化和政治界限的凝聚力是体育文化独有的特性，它为不同国家和民族之间的交流与理解提供了平台，促进了国际友谊和世界和平。

（2）体育文化在历史上曾多次成为民族团结的象征。在反抗外来侵略、争取民族独立和自由的斗争中，体育赛事往往被赋予特殊的意义，成为激发民族自豪感和凝聚力的重要手段。在现代，无论是国家团体还是企业公司，都非常重视体育文化所蕴含的凝聚功能。体育文化作为一种团队文化，在凝聚人心、抵消矛盾冲突方面具有独特作用。通过参与或观看体育比赛，人们内心潜在的集体荣誉感和团队归属感得到显现和加强，从而增强了社会成员之间的相互认同和团结。

（3）体育文化的凝聚功能还体现在其能够加强社区和组织的内部联系。在社区层面，体育活动如社区联赛、运动会等，为居民提供了交流和合作的机会，增强了邻里之间的联系和社区的凝聚力。在组织层面，体育文化通过团队建设活动，增强了员工之间的团队精神和归属感，提高了组织的凝聚力和竞争力。

4. 竞争功能

体育文化的竞争功能是现代社会发展的重要驱动力。在当代社会，竞争已成为一种普遍现象，它不仅存在于经济领域，也渗透到社会生活的各个方面。体育文化作为一种特殊的文化形态，其内在的竞争机制和精神对于激发个体潜能、推动社会发展具有重要意义。

（1）体育文化的竞争功能体现在其对个体的影响上。体育活动，尤其是体育竞赛，要求参与者在规则的约束下，通过公平竞争来实现目标。这种竞争过程促使个体不断挑战自我、超越自我，从而实现自我完善和提升。在体育竞赛中，个体不仅能够锻炼身体素质，还能够培养坚韧不拔的意志、积极向上的态度和勇于创新的精神。

（2）体育文化的竞争功能在社会层面上也发挥着重要作用。体育赛事往往成为国家和地区展示自身实力和形象的舞台。通过体育竞赛，国家和地区能够展示其体育成就，提升国际地位和影响力。同时，体育竞赛还能够激发民族自豪感和凝聚力，增强国家认同感，促进社会团结和和谐。

（3）体育文化的竞争功能还体现在其对经济发展的推动作用。体育产业作为现代经济的重要组成部分，其发展离不开竞争机制的激励。体育赛事的举办和体育产品的开发，都需要在市场竞争中不断创新和完善，以满足消费者的需求。这种竞争不仅促进了体育产业的繁荣，也为社会创造了更多的就业机会和经济增长点。

另外，体育文化的竞争功能还与现代社会的价值观紧密相关。在追求效率和成果的现代社会，体育文化所倡导的公平竞争、自我超越和团队合作等价值观念，与现代社会的发展理念相契合。这些价值观念通过体育活动得以传播和实践，对于引导社会风气、塑造现代人格具有积极作用。

5. 交流功能

体育文化作为一种特殊的文化形态，自古以来就在人类社会中发挥着重要的交流功能。它不仅是一种身体活动，更是一种文化表达，能够在不同民族、国家和文化之间建立起沟通和理解的桥梁。体育文化的交流功能体现在多个层面，包括政治、经济、科技、教育和文化等，它通过体育活动实现人类文化的全面交流和互动。

（1）体育文化的交流功能表现在其能够跨越语言和文化的障碍，实现跨文化交际。体育运动作为一种非语言的交流形式，通过身体动作、竞技表现和比赛规则等，传递了一种普遍的、共通的信息和价值。这种交流方式不受语言限制，能够直接触动人心，激发情感共鸣，促进不同文化背景的人们之间的相互理解和尊重。

（2）体育文化的交流功能体现在其能够促进国际间的友好关系和文化交流。体育赛事，尤其是国际性的体育盛会，如奥林匹克运动会，不仅展示了体育运动的魅力，也成了各国文化交流和展示自身文化特色的舞台。通过体育文化的交流，不同国家和地区的人们得以相互了解和学习，增进了国际友谊和文化多样性的认识。

（3）体育文化的交流功能还在于其对政治交往的促进作用。体育赛事往往被用作政治交往的工具，通过体育活动来缓和国际关系、增进相互理解和信任。体育文化在政治交往中的独特作用，使其成为一种"软实力"，在国际政治舞台上发挥着重要作用。

（4）体育文化的交流功能还体现在其对教育和科技交流的促进上。体育活动不仅能够培养人们的团队精神、竞争意识和公平观念，还能够促进体育教育的国际交流与合作。同时，体育科技的发展和应用也是体育文化交流的重要组成部分，通过体育科技的交流，可以推动体育训练方法、运动器材和运动医学等领域的进步。

6. 休闲娱乐功能

体育文化作为一种活动性的身体文化，不仅关乎人类健康和身体锻炼，更在休闲娱乐方面发挥着重要作用。在现代社会，随着生活节奏的加快和工作压力的增大，人们越来越重视通过休闲娱乐活动来放松身心，提高生活质量。体育文化的休闲娱乐功能正是在这一背景下显得尤为重要。

（1）体育活动的休闲娱乐功能体现在其能够为人们提供一种积极的放松方式。通过参与体育活动，人们可以在享受运动带来的快乐的同时，释放生活和工作中的压力。体育活动的种类繁多，从轻松的散步、瑜伽到激烈的篮球、足球比赛，每个人都可以根据自己的兴趣和体能水平选择合适的体育活动，从而在运动中找到乐趣，达到放松身心的目的。

（2）体育文化的休闲娱乐功能还体现在其对情操的陶冶作用。体育活动不仅能够锻炼身体，还能够培养人们的团队精神、公平竞争意识和坚持不懈的品质。在体育活动中，人们通过合作与竞争，学会尊重他人、遵守规则，这对于提升个人素养和社会文明程度具有积极作用。

（3）体育文化的休闲娱乐功能还表现在其对社交关系的促进作用。体育活动往往具有强烈的社交属性，人们在运动中结交朋友，增进了解，加强联系。体育赛事和活动的集体性质使得人们在共同参与的过程中产生共鸣，增强归属感，这对于构建和谐的社会关系具有重要意义。

（4）体育文化的休闲娱乐功能还与经济发展密切相关。随着人们生活水平的提高，对休闲娱乐的需求不断增长，体育产业也随之蓬勃发展。体育旅游、体育赛事、健身俱乐部等体育相关产业为人们提供了丰富的休闲娱乐选择，同时也为社会创造了大量的就业机会和经济效益。

7. 心理调节功能

体育运动不仅仅是一种身体锻炼，更是一种心灵的修养和精神的升华。在参与体育运动的过程中，个体不仅能够体验到身体上的活力和健康，还能够在心理上获得积极地调节和恢复。

（1）体育文化的心理调节功能体现在其能够有效地宣泄不良情绪。在日常生活和工作中，个体往往会积累各种压力和负面情绪，如紧张、焦虑、抑郁等。通过参与体育运动，这些负面情绪可以得到有效地释放和缓解。无论是在激烈的竞技比赛中，还是在轻松愉快的休闲活动中，体育运动都能够为个体提供一个宣泄情绪的平台，帮助他们摆脱心理负担，恢复心理平衡。

（2）体育文化的心理调节功能还体现在其能够激发个体的积极情绪和奋进精神。体育运动中的各种挑战和竞争能够激发个体的斗志和进取心，帮助他们建立积极向上的生活态度。体育活动中的团队合作和公平竞争也能够培养个体的合作精神和责任感，增强他们面对困难和挑战时的心理韧性。

（3）体育文化的心理调节功能还与文化背景有关。不同的体育文化有着不同的心理调节效果。例如，西方竞技性运动项目往往强调竞争和超越，能够激发个体的竞争意识和探索精神。而东方体育文化则更注重修身养性和身心和谐，通过调节呼吸和冥想等方式，帮助个体达到身心合一的自然状态，从而缓解紧张和焦虑情绪。

（4）体育文化的心理调节功能还与其丰富的运动形式有关。体育运动形式多样，能够满足不同个体的心理需求和情感体验。通过参与不同类型的体育运动，个体不仅能够体验到身体上的快感，还能够获得心理上的满足和成就感。

8. 存储和传递功能

体育文化作为一种社会文化现象，不仅在物质层面上承载着历史的痕迹，而且在传播过程中发挥着存储和传递的功能。体育设施、场地、器材、运动服装等物质文化元素，以其自然物质形态记录了体育文化的发展历史，反映了时代的变迁和文化的演进。

在体育物质文化的发展过程中，可以观察到不同历史时期的特点和变化。从史前时期的原始性体育文化，到现代社会的专门化体育活动，体育器械的演变明显地映射出时代的发展轨迹。史前时期的体育文化与劳动和生产紧密相关，体育用品和技能往往是劳动和军事活动的直接延伸。随着社会的进步和文化的发展，体育活动逐渐从生产和军事活动中分离出来，形成了专门化的体育训练工具和娱乐活动，这些变化在体育物质文化中得到了体现和保存。

体育文化的存储和传递功能还体现在传媒的作用上。现代传媒，尤其是体育书籍、报刊、电视转播和网络信息，成为人们获取体育文化信息的主要渠道。通过这些传媒，体育文化得以跨越时间和空间的限制，广泛传播到社会的各个角落。体育传媒不仅传递了体育赛事的即时信息，还保存了体育历史和知识的记录，使得人们能够了解和学习体育文化的过去和现状。

体育文化图书的分类和出版，进一步说明了体育文化在知识存储和传递方面的重要性。体育理论图书涵盖了体育教育、体育训练、体育伦理、体育美学、体育生化基础科学等多个领域，这些图书为人们提供了系统化、专业化的体育知识。而体育事业图书则包括了体育制度、体育方针、体育组织、体育运动技术总论等内容，为人们理解和参与体育活动提供了理论基础和实践指导。

体育影像材料作为另一种重要的体育文化载体，以其直观、生动的特点，有效地促进了体育文化知识的传播和理解。体育赛事的录像、纪录片、教学视频等，不仅记录了体育活动的精彩瞬间，还展示了体育技能和精神的传承，使得体育文化得以在更广泛的范围内被接受和理解。

第二节 体育文化的特征与类型

一、体育文化的特征分析

（一）继承性

体育文化作为一种历史悠久的文化现象，其继承性是其得以延续和发展的关键。体育文化的传承不是静态的复制，而是一个动态的、多维度的过程。在这个过程中，体育文化通过形体、动作、语言、文字、图像等多种媒介，实现了跨时代的传递和交流。

体育文化的继承性首先体现在其对传统体育活动的保留和发扬。这些活动往往包含了丰富的历史信息和文化价值，它们在新的社会和文化背景下得以保存，并被赋予新的意义和功能。通过这种方式，体育文化不仅保留了其原始的特质，还能够适应现代社会的需求和挑战。

同时，体育文化在传承过程中也在不断地融合和创新。随着社会的发展和科技的进步，新的体育项目和运动方式不断涌现，这些新的体育形式往往结合了现代的生活方式和审美观念，使得体育文化更加多元化和丰富化。这种融合和创新不仅体现了人类对体育文化的批判性选择，也是对体育文化传统的一种发展和完善。

体育文化的变异是其继承性过程中的一个重要方面。在历史的发展中，体育文化的内容、结构乃至模式都可能发生转变。这些转变可能是对传统体育活动的重新解读，也可能是对体育理念和实践的全新探索。体育文化的变异是社会发展和人类认知深化的必然结果，它使得体育文化能够不断地适应新的社会环境，满足人们不断变化的需求。

尽管体育文化在历史发展中经历了不断的变异和变革，但其核心价值和基本精神始终保持连续性。这种连续性不仅体现在对传统体育活动的传承上，也体现在对体育精神的坚持上。体育文化的核心价值，如公平竞争、团队合作、自我超越等，一直是激励人们参与体育活动的重要动力。

（二）时代性

体育文化的时代性是其在不同社会发展阶段所呈现的独特特征和价值取向。作为一种社会活动，体育不仅是一种身体锻炼和竞技的方式，更是一种文化现象和社会现象。体育文化的时代性体现在其随着社会的发展和变迁而不断演变的过程中，反映了特定历史时期的社会结构、价值观念和生活方式。

在不同的社会发展阶段，体育文化的功能和价值被不同的社会阶层和群体所认识和利用。在某些社会中，体育被视为教育的重要组成部分，用于培养青年的身心素质和社会责任感；而在其他社会中，体育则更多地被用作娱乐休闲的手段，满足人们对精神生活的需求。这种多样化的功能和价值体现了体育文化的时代性，也反映了社会对体育的不同需求和期望。

体育文化的时代性还表现在其与社会生产力发展水平的关系上。在生产力水平较低的社会阶段，体育活动可能更多地与生产劳动和军事训练相结合，而在生产力水平较高的社会阶段，体育活动则可能更加注重娱乐性和竞技性。此外，政治、宗教、经济和文化等因素也会对体育文化的时代性产生影响。例如，在某些社会中，体育活动可能受到宗教仪式的影响，而在其他社会中，体育活动则可能受到商业化和市场化的驱动。

体育文化的时代性不仅体现在精神和价值观念上，还体现在物质和制度层面。体育设施、运动装备、比赛规则和组织形式等物质和制度要素，都会随着时代的变迁而发生变化。这些变化不仅反映了技术进步和社会发展，也体现了人们对体育活动认知和实践的深化。

（三）地域性和民族性

体育文化作为一种特殊的文化形态，其地域性和民族性特征是体育学研究中的重要议题。地域性体育文化的形成和发展，与特定地理环境下的历史、经济、社会等因素密切相关。在不同的自然环境和社会背景下，人们的生活方式、生产活动以及与之相适应的体育活动也随之产生差异，从而形成了具有地域特色的体育文化。

从历史的角度来看，地域性体育文化的形成是一个长期的、动态的过程。在不同的历史时期，由于地理环境、气候条件、资源分布等因素的变化，人们的生产方式和生活习惯也会发生相应的变化，这些变化又会反过来影响体育文化的发展。例如，在大河流域的农业文明中，人们的生活方式相对稳定，体育活动多与农业生产相关，如耕作、收获等活动中的竞技和娱乐；而在海洋文明中，由于航海和捕鱼等活动的需要，体育文化中则更多地包含了与海洋相关的竞技和技能，如游泳、划船等。

民族性体育文化则是在一定的地域范围内，由特定民族在长期共同生活和文化传承中形成的体育文化特征。每个民族都有自己独特的文化传统和价值观念，这些文化因素在体育活动中得到体现和传承，从而形成了具有民族特色的体育文化。例如，某些民族可能重视力量和速度的竞技，而另一些民族则可能更注重技巧和策略的运用。这些体育活动不仅是一种身体锻炼，更是一种文化表达和民族精神的体现。

地域性和民族性体育文化的多样性，为全球体育文化的发展提供了丰富的资源和灵感。不同地域和民族的体育文化在相互交流和融合中，不断产生新的体育形式和内容，推动了体育文化的创新和发展。这种多样性的存在，不仅丰富了人类体育文化的内涵，也为体育的普及和发展提供了广阔的空间。

在现代体育文化整合的过程中，东西方体育文化的差异尤为显著。东方体育文化强调的是身心和谐、内外兼修，注重体育活动在修身养性、增强体质方面的作用；而西方体育文化则更强调竞技性和观赏性，追求速度、力量和技巧的极限挑战。这种差异的存在，不仅反映了不同文化背景下的价值观念和生活方式，也为体育文化的交流和融合提供了更多的可能性。

（四）世界性

体育文化的世界性特征是其作为一种全球性文化现象的本质属性。体育文化不仅在地域和民族层面上具有深厚的根基，而且在全球范围内展现出广泛的共性和互动性。这种世界性特征体现了体育文化的普遍价值和全球意义，使其成为连接不同文化和民族的桥梁。

体育文化的源远流长和全球分布，使其成为人类共同的文化遗产。体育活动作为一种普遍存在的社会现象，跨越了地域和民族的界限，成为全球各地人们共同参与的活动。无论是在古老的文明中，还是在现代的都市中，体育文化都以其独特的魅力吸引着人们，成为人类社会不可或缺的一部分。

体育文化的世界性特征在一体化进程中表现得尤为明显。随着全球化的加速，不同地域和民族的体育文化在需求、运动形式、组织方式等方面展现出越来越多的共性和相似性。这种趋势在近现代尤为显著，体育文化的交流和融合不断加强，促进了全球体育文化的一体化发展。许多具有地域和民族特色的体育项目，不仅在本土得到传承和发展，也在全球范围内受到欢迎和推广。

体育文化的世界性特征还体现在其对全球化特质的适应和引领上。一些具有独特地域性和民族性的体育文化，因其特殊的文化价值和魅力，已经成为全球关注的焦点。这些体育文化不仅丰富了全球文化的多样性，也成了促进文化交流和理解的重要途径。通过全球性的体育赛事和活动，人们能够体验和学习不同的体育文化，增进对其他文化的认识和尊重。

体育文化的世界性特征要求我们在研究和推广体育活动时，必须采取开放和包容的态度。应该鼓励体育文化的交流与融合，同时也要尊重和保护体育文化的多样性和独特性。在未来的发展中，应更加重视体育文化的世界性特征，积极探索适应全球化时代的体育文化发展策略，以促进体育文化的繁荣和全球社会的和谐发展。

（五）公平竞争性

体育文化的公平竞争性不仅体现在体育活动的规则制定上，也体现在参与者的行为规范和精神追求中。体育文化的竞争性源于体育运动和竞赛的本质，即通过规则约束下的竞技来追求胜负的结果。这种竞争激发了参与者的斗志，也引发了观众的关注和激情，成为体育文化吸引人们的重要因素。

体育文化的竞争性并不意味着无序地对抗，而是在公平原则的指导下进行的健康竞争。体育竞赛的规则体系是确保竞争公平性的基础，它规定了参与者的行为范围和比赛的进行方式。这些规则不仅保证了比赛的公正性，也保障了参与者的安全和尊严。在体育竞赛中，无论是个人项目还是团队项目，都必须遵守统一的规则，确保比赛的公平性和正当性。

公平的竞争性是体育文化的精神内核，它体现了体育活动的价值追求和社会文化的要求。在和谐社会中，体育运动和竞赛不仅要展现参与者的竞技水平，还要传递公平、正义和尊重的价值观念。这种价值观念要求参与者在竞争中保持诚信和尊重，胜不骄败不馁，展现出良好的体育道德和风范。

体育文化的公平竞争性特征还体现在其对社会发展的积极影响上。体育竞赛作为一种社会活动，不仅能够促进个体的全面发展，还能够推动社会的公正和进步。通过公平竞争，体育文化培养了人们的团队精神、合作意识和竞争意识，这些素质对于社会的和谐与进步具有重要意义。

二、体育文化的类型划分

（一）民族传统体育文化

民族传统体育文化，作为人类文化多样性的重要体现，承载着丰富的历史信息与民族精神。在新媒体环境下，民族传统体育文化的传承与创新显得尤为重要，其根本在于对这一文化形态的深刻理解和准确把握。民族传统体育文化不仅仅是一系列体育活动的简单集合，它更是一个包含民族性、传统性、时代性和全球性等多重维度的综合体现。

民族传统体育文化的概念，可以从多个层面进行解读。首先，它是特定民族在长期历史发展过程中形成的体育活动和体育观念的总和，反映了该民族的生活方式、价值观念和精神追求。其次，民族传统体育文化具有鲜明的民族性特征，它在不同民族间表现出独特的差异性，这种差异性是民族文化多样性的重要体现。再次，民族传统体育文化是动态发展的，它随着时代的变迁而不断演变，既保留了传统元素，又吸收了现代文明的成果，体现了文化的传承与创新。最后，民族传统体育文化在全球范围内具有交流和互动的可能性，它不仅是某一民族的文化遗产，也是全人类共同的财富。

民族传统体育的传承，是一个复杂而深入的过程，涉及历史、文化、教育、经济等多个方面。从历史的角度来看，民族传统体育文化是历史的产物，它记录了一个民族的发展脉络和文化记忆。因此，对民族传统体育的传承，首先要对其历史渊源进行深入挖掘和研究，了解其起源、发展和变迁的过程，从而为传承提供坚实的历史基础。

从文化的角度来看，民族传统体育文化是民族文化的重要组成部分，它通过体育活动传递和弘扬民族精神和价值观念。因此，传承民族传统体育，需要将其融入文化教育和文化传播中，通过教育体系、文化活动和媒体传播等途径，让更多的人了解和参与到民族传统体育中来，从而实现文化的传承和发展。

从经济的角度来看，民族传统体育的产业化发展，为民族传统体育的传承提供了新的可能性。产业化不仅能够为民族传统体育提供更多的资源和支持，也能够通过市场机制，将民族传统体育推向更广阔的舞台。在产业化的过程中，需要注重保护和弘扬民族传统体育的文化内涵，避免过度商业化导致的文化异化。

从传播的角度来看，民族传统体育的传播是其传承的重要途径。"民族传统体育文化的传承是复兴传统体育文化的关键所在,基于某个层面而言,这能够有效地提升整个社会的文化底蕴和文化自信。"[1] 在新媒体环境下,传播方式和手段发生了巨大变化,这为民族传统体育的传播提供了新的机遇。通过互联网、社交媒体等新媒体平台,可以更有效地推广民族传统体育,吸引更多地关注和参与。同时,也需要关注传播过程中的信息管理、传播效果等问题,确保传播的质量和效果。

(二) 校园体育文化

校园体育文化作为校园文化的重要组成部分,其内涵丰富,功能多样,对于学生的全面发展和校园文化的建设具有重要意义。

校园体育文化是指在校园这一特定社会环境中,通过体育教学、体育活动、体育竞赛等多种形式,形成的一种独特的文化现象。它不仅包括物质层面的体育设施、器材等,还涵盖了精神层面的体育精神、体育道德、体育价值观等。校园体育文化是学校教育目标和体育教育方针的具体体现,旨在通过体育活动培养学生的身体素质、心理素质和社会适应能力。

校园体育文化的特征,具体如下:

第一,目的性。校园体育文化的开展具有明确的目的性,旨在通过体育活动促进学生的身心健康发展,培养学生的团队合作精神和竞争意识。这种目的性要求校园体育文化活动的设计和实施必须符合教育目标,注重学生个体差异,确保每个学生都能从中受益。

第二,教化性。校园体育文化具有显著的教育教化功能。通过体育活动,学生不仅能够学习到体育知识和技能,还能够在实践中培养良好的道德品质和社会责任感。体育教育通过各种形式的体育活动,对学生进行正面引导和激励,使其在参与中学会尊重、公平、坚持和自我超越。

第三,导向性。校园体育文化通过各种体育活动,引导学生形成积极向上的生活态度和健康的生活方式。体育竞赛和团队活动增强了学生的集体荣誉感和归属感,促进了学生之间的相互理解和支持,有助于形成良好的校园

---

[1] 刘长青.文化自信下民族传统体育文化传承分析 [J].文体用品与科技,2023,20 (20):79-81.

氛围。

第四，娱乐性。校园体育文化活动具有娱乐性，能够为学生提供放松和娱乐的机会。在紧张的学习之余，体育活动能够帮助学生缓解压力，享受运动带来的乐趣，从而提高学生的生活质量和幸福感。

第五，多样性。校园体育文化活动形式多样，能够满足不同学生的需求和兴趣。从传统的球类运动到新兴的极限运动，从竞技体育到休闲体育，校园体育文化涵盖了广泛的体育项目和活动类型，为学生提供了丰富的选择空间。

（三）企业体育文化

企业体育文化，作为企业文化和体育文化交汇融合的产物，是现代企业管理中不可忽视的重要组成部分。它不仅体现了企业对员工身心健康的关注，也是企业精神面貌和团队凝聚力的重要体现。企业体育文化的核心在于通过体育活动，促进员工之间的交流与合作，提升员工的身心健康，进而推动企业的整体发展。

企业体育文化的概念可以从多个维度进行解读。首先，它是企业理念和价值观在体育领域的具体体现，通过体育活动传递企业的文化理念和精神追求。其次，企业体育文化是企业内部体育物质、体育制度和体育精神的综合体现，它涵盖了企业为员工提供的体育设施、组织的体育活动以及形成的体育氛围等方面。再次，企业体育文化是企业文化和体育文化的结合体，它既具有企业文化的特点，也融入了体育文化的元素，形成了独特的企业体育文化特色。

企业体育文化的特征主要表现包括：首先，企业体育文化具有明显的组织性和计划性，企业通过制定详细的体育活动计划和管理制度，确保体育活动的有序开展。其次，企业体育文化具有广泛的参与性，它鼓励企业全体员工参与到体育活动中来，通过体育活动增进员工之间的交流和团队协作能力。再次，企业体育文化具有时代性和创新性，随着社会的发展和科技的进步，企业体育文化也在不断地吸收新的元素和理念，以适应时代的发展需求。

企业体育文化的建设是一个系统工程，需要企业从多个层面进行综合考虑和规划。首先，企业需要建立完善的体育设施，为员工提供良好的体育活动环境。这不仅包括体育场地的建设和维护，还包括体育器材的配备和更新。其次，企业需要制定合理的体育活动计划，根据员工的兴趣和需求，组织丰富多彩的体育活动，如球类比赛、健身操、运动会等。再次，企业需要加强体育文化的宣传和教育，通过内部刊物、宣传栏、培训讲座等方式，提高员工对体育活动的认识和参与度。最后，企业需要保证体育活动的资金投入，确保体育活动的顺利开展和持续发展。

企业体育文化的建设不仅对员工个人有着积极的影响，也对企业的整体发展具有重要意义。一方面，通过体育活动，员工可以释放工作压力，提高工作效率和生活质量。另一方面，体育活动可以增强员工之间的团队协作能力，促进企业文化的建设和发展。此外，企业体育文化还可以作为企业对外交流和形象展示的重要窗口，提升企业的知名度和影响力。

（四）竞技体育文化

竞技体育文化作为一种特殊的体育文化形态，其核心在于竞争精神的体现与弘扬。在现代社会，这种文化不仅在体育领域内发挥着重要作用，而且已经渗透到社会的各个层面，成为推动社会进步和文化发展的重要力量。竞技体育文化的普及和发展，不仅丰富了人们的文化生活，而且在塑造社会价值观、提升民族精神面貌等方面发挥了积极作用。

竞技体育文化的核心是竞争精神，这种精神体现了人类不断追求卓越、挑战极限的内在动力。在竞技体育的实践中，参与者通过公平竞争，展现出超越自我、追求卓越的精神风貌。这种精神不仅在体育领域内得到体现，而且已经超越体育本身，成为现代社会的一种重要价值观念。

竞技体育文化作为一种社会文化模式，满足了人们在特定社会背景下的特殊社会需求。它通过竞技活动，激发个体的潜能，促进社会群体之间的互动与交流。竞技体育的激励作用，不仅体现在个体层面，也体现在社会层面，通过体育活动，可以增强社会凝聚力，促进社会和谐。

竞技体育文化在追求胜利的同时，也注重参与者的身心健康和人格完善。它倡导公平竞争,强调尊重对手,体现了人文关怀的精神。通过竞技体育活动,参与者不仅能够锻炼身体,还能够培养健全的人格,提升社会适应能力。

竞技体育文化具有强烈的娱乐性和观赏性,这使得它能够吸引广泛的社会关注和参与。竞技体育赛事的激烈和精彩,为观众提供了丰富的视觉享受和情感体验。同时,竞技体育的娱乐性也使其成为现代社会中重要的文化消费内容。

随着社会经济的发展,竞技体育文化的价值观也在不断更新和发展。人们在参与竞技体育的过程中,不仅追求胜利和荣誉,更加注重个人成长和自我实现。竞技体育文化的多元化发展,使其在政治、经济、教育等多个领域都发挥着重要作用。

竞技体育文化作为一种具有深厚历史底蕴和现代活力的文化形态,其未来发展前景广阔。通过不断发展和完善竞技体育文化,可以进一步提升其在社会文化中的地位和作用。竞技体育文化中的公平、自由与和平等特征,将成为推动其长远发展的重要动力。

(五)城市体育文化

城市体育文化,作为城市文化的一个重要组成部分,是在城市特有的社会经济背景下,通过体育活动所体现的文化现象。它是城市居民在长期的社会实践中创造、积累和发展起来的,反映了城市居民的价值观念、生活方式和精神风貌。城市体育文化的形成和发展,是城市化进程中体育与城市文化相互作用的结果,它不仅丰富了城市文化的内涵,也促进了城市社会经济的发展。

城市体育文化具有鲜明的地域性特征。由于城市的历史背景、地理环境、经济发展水平和居民生活习惯等方面的差异,不同城市形成的体育文化各具特色。例如,一些城市可能因其丰富的水域资源而发展出独特的水上运动文化,而一些山区城市则可能因其自然地形的优势而形成以登山、攀岩为主的体育文化。这种地域性特征使得城市体育文化呈现出多样性,为城市文化的多样性和丰富性做出了贡献。

城市体育文化的传承性是其另一个重要特征。城市体育文化是在长期的历史发展过程中逐渐形成的，它既包含了传统文化的积淀，也融合了现代体育的元素。城市体育文化的发展需要在继承传统的基础上，不断吸收新的体育理念和方法，使之与时俱进。通过举办体育赛事、开展群众体育活动等形式，城市体育文化得以传承和发扬，同时也加深了市民对城市文化的认同感和归属感。

城市体育文化的开放性体现在其对外来体育文化的包容和吸收上。在全球化的大背景下，城市体育文化不断与国际体育文化进行交流和互动，形成了开放的文化特质。城市体育文化的开放性不仅有助于丰富城市体育活动的内涵，提高城市体育竞技水平，还能够促进城市居民对国际体育规则和文化的理解和接受，增强城市的国际影响力。

城市体育文化的发展对于提升城市的整体形象和竞争力具有重要意义。一方面，城市体育文化能够提升城市居民的健康水平和生活质量，增强居民的幸福感和满意度。另一方面，城市体育文化也能够吸引外来投资和人才，促进城市经济的发展。此外，城市体育文化还能够通过体育赛事等形式，提升城市的知名度和吸引力，增强城市的品牌形象。

为了进一步发展城市体育文化，需要从多个方面进行努力。首先，需要加大对城市体育设施建设的投入，提供更多的体育活动场所，满足市民的体育需求。其次，需要加强对城市体育文化的宣传和推广，提高市民对体育活动的参与度和热情。再次，需要培养专业的体育人才，提高城市体育竞技水平。最后，需要加强城市体育文化的国际交流与合作，借鉴国际先进的体育理念和管理经验，提升城市体育文化的国际竞争力。

（六）农村体育文化

农村地区体育文化作为一种特殊的体育文化形态，其发展与建设在当前社会主义新农村建设中占据着重要的地位。它是农村社会文化结构中不可或缺的一部分，对于提升农村居民的生活质量、促进农村经济发展、丰富农村文化生活、增强农村社会凝聚力等方面具有显著的作用。

农村地区体育文化的特殊性主要表现在其地域性、文化习俗性和形态特征上。地域性特征意味着农村体育文化的发展受到地理环境的直接影响，例如山区农村可能会发展出与山地相关的体育活动，而水乡则可能发展出与水有关的体育项目。文化习俗性特征则体现在农村体育文化中蕴含的丰富的地方民俗和传统节庆活动，这些活动往往与体育竞技相结合，形成了独特的农村体育文化景观。形态特征则是指农村体育文化在实践活动中的具体表现形式，包括体育运动项目、体育竞技水平、体育组织形式等。

首先，农村地区体育文化建设的必要性体现在其对全面建成小康社会的贡献上。小康社会的建设不仅仅是物质层面的丰富，更包括精神文化生活的充实。农村体育文化作为精神文化生活的重要组成部分，通过提供多样化的体育活动，丰富农村居民的业余生活，增强其身体素质，提高生活质量，从而为全面建成小康社会作出贡献。

其次，农村地区体育文化建设是新农村建设的重要内容。新农村建设旨在全面提升农村的经济、社会、文化等各方面的水平。体育文化建设不仅能够促进农村居民身心健康，提高其生活质量，还能够通过体育活动培养农村居民的团队合作精神和集体荣誉感，增强农村社区的凝聚力和向心力，为新农村建设提供强大的精神动力。

最后，农村地区体育文化建设对于提升农村人口的整体素质具有重要作用。体育活动不仅能够锻炼身体，还能够培养人的意志品质和社交能力。通过参与体育活动，农村居民可以培养积极向上的生活态度，增强面对困难和挑战的勇气和信心，这对于提升农村人口的整体素质，促进农村社会的和谐稳定具有重要意义。

为了有效推进农村地区体育文化建设，需要从这些方面着手：一是加强农村体育设施建设，提供足够的体育活动场所和设施，满足农村居民的体育需求；二是丰富农村体育活动内容，结合农村实际，开展形式多样、富有农村特色的体育活动；三是提高农村体育文化宣传力度，通过各种媒体和活动，普及体育知识，增强农村居民的体育意识；四是加强农村体育人才培养，培养一批懂体育、会组织、能指导的体育人才，为农村体育文化建设提供人才支持；五是加大政策支持力度，通过制定相关政策，为农村体育文化建设提供必要的政策保障和资金支持。

第三节 体育文化与人的社会化解读

一、体育文化与人的社会化理论

（一）人的社会化理论

人的社会化是一个复杂的社会过程，涉及个体从出生到成长为社会成员的全过程。社会化的核心目的是传递社会规范、价值观、行为模式和文化传统，使个体能够适应并参与社会生活。社会化不仅关乎个体的生存和发展，也是社会连续性和稳定性的重要保障。

社会化（Socialization）一词，通常被定义为个体学习并内化社会的规范、价值观和行为模式的过程。这一过程使个体获得必要的社会技能和知识，以便在社会中有效地生活和交流。社会化是一个持续的、终身的过程，它始于个体的出生，贯穿于整个生命历程。社会化的目标是帮助个体成为能够独立生活、参与社会活动、并对社会作出贡献的社会成员。

社会化理论的基础可以追溯到多个学科领域，包括社会学、心理学、人类学等。社会化是个体学习社会角色和规范的过程，是社会系统正常运作的基础。在心理学领域，心理社会发展理论强调了个体在其生命历程中经历的不同心理社会阶段，每个阶段都有其特定的危机和发展任务。人类学则从跨文化的角度研究社会化，探讨不同文化背景下个体如何被培养成为社会的一员。

社会化过程通常被分为几个阶段：最初的阶段是初级社会化，这主要发生在个体的儿童时期，家庭是主要的社会化机构。在这个阶段，个体学习基本的语言、社会规范和文化价值观。随后是继续社会化或次级社会化，这发生在个体进入学校、工作场所和其他社会组织时。在这个阶段，个体学习更为复杂的社会角色和规范，以及与其社会地位和角色相关的特定行为模式。成年后期，个体可能会经历再社会化，这是指个体在面临重大生活变化或社会变迁时,需要重新学习和适应新的角色和规范。

社会化的影响因素众多,包括家庭、教育、同伴、媒体和文化等。家庭是个体社会化的第一个和最基本的环境,父母和其他家庭成员通过言传身教,对个体的价值观、行为习惯和情感发展产生深远影响。教育系统通过正规的课程和非正式的活动,传授知识、技能和社会规范,对个体的认知发展和社会适应能力起到关键作用。同伴群体在青少年时期尤为重要,它们影响着个体的自我认同、社会行为和价值观念的形成。媒体和技术作为现代社会的重要特征,通过传播信息和文化价值,对个体的社会化过程产生广泛影响。文化因素则是社会化过程中最根本的影响力量,它决定了社会化的内容和形式,塑造了个体对于世界的理解和行为方式。

(二)体育文化与人的社会化相互作用

1. 体育文化对个体社会化的作用分析

体育文化作为一种社会文化现象,对个体的社会化过程具有显著的影响。体育活动提供了一个非正式的学习环境,使个体能够在参与和体验中学习社会规范和行为模式。在体育活动中,个体不仅学习到如何与他人合作、竞争和解决冲突,还学习到如何遵守规则、尊重他人和接受责任。这些社会技能和价值观的培养对于个体的社会适应和角色扮演至关重要。此外,体育文化中的团队精神、公平竞争和自我超越等核心价值观,有助于塑造个体的道德观念和社会责任感,从而促进其全面发展。

2. 个体社会化需求对体育文化的塑造

个体的社会化需求也对体育文化产生影响。随着社会的发展和个体需求的变化,体育文化也在不断地演变和适应。例如,随着健康意识的提高,人们越来越重视体育活动对身心健康的积极作用,这促使体育文化向更加注重健康和休闲的方向发展。同时,个体对于自我实现和社交的需求也推动了体育文化中团队运动和社交运动的兴起。个体的需求和期望在很大程度上决定了体育文化的发展方向和内容,使其更加多元化和个性化。

3. 体育文化与人的社会化过程的互动关系

体育文化与个体的社会化过程之间存在着密切的互动关系。体育文化不仅为个体提供了社会化的环境和机会，还通过体育活动的形式，促进了个体的社会交往和身份认同。在体育活动中，个体通过与他人的互动，学习社会规范和行为模式，同时也通过体育活动展示自己的能力和价值，获得社会认可和归属感。这种互动关系不仅有助于个体的社会化，也有助于体育文化的传播和发展。体育文化通过个体的参与和实践，得以在社会中传承和创新。

4. 体育文化在不同社会化阶段的作用差异

体育文化在个体的不同社会化阶段发挥着不同的作用。在儿童和青少年阶段，体育文化主要通过学校体育和青少年体育活动，促进个体的身体发展和基本社会技能的学习。在成年阶段，体育文化更多地通过职业体育、社区体育和休闲体育等形式，满足个体的健康需求、社交需求和自我实现的需求。在老年阶段，体育文化则更多地关注于维持个体的身体健康和生活质量，提供适合老年人的体育活动和健身项目。在每个阶段，体育文化都以其独特的方式，支持和促进个体的社会化过程。

二、体育文化在人的社会化环节中的作用

（一）体育文化在儿童社会化中的作用

体育文化在儿童社会化中的作用是多维度和全方位的。儿童时期是个体社会化过程的关键阶段，这一时期的体育活动不仅对儿童的身体健康和运动技能发展具有重要意义，而且对于儿童社会技能的培养、情感的塑造以及价值观的形成都起着至关重要的作用。

1. 社会技能的培养

体育文化通过体育活动促进儿童的身体健康和运动技能的发展。儿童时期是身体成长和发育的关键时期，适当的体育活动能够有效地促进儿童的身体健康，增强身体素质，预防各种健康问题。此外，体育活动还能够提高儿童的运动技能，如协调性、平衡性、敏捷性等，这些技能对于儿童的日常活动和未来的体育参与都具有积极的影响。

另外，体育活动往往需要团队合作和公平竞争，这为儿童提供了学习合作、分享、尊重和领导等社会技能的机会。在体育活动中，儿童通过与同伴

的互动,学习如何建立友谊、解决冲突和遵守规则,这些经验对于儿童的社会适应和人际交往能力的提高至关重要。

2. 情感的塑造

体育文化对儿童情感的塑造具有积极作用。参与体育活动能够带来快乐和满足感,有助于儿童建立积极的自我形象和自尊心。同时,体育活动中的成功和失败经历,有助于儿童学习如何处理成功的喜悦和失败的挫折,培养坚韧不拔和积极向上的情感态度。

3. 价值观的形成

体育文化在儿童价值观的形成中扮演着重要角色。体育活动中所体现的公平竞争、尊重他人、团队精神等价值观,对儿童的价值观念形成具有深远影响。通过体育活动,儿童可以学习到诚实、勇气、坚持和责任感等重要的道德品质,这些品质对于儿童成为负责任和有道德的社会成员至关重要。

体育文化还能够提高儿童的文化认同感和归属感。通过参与具有地方特色或民族特色的体育活动,儿童可以了解和学习自己的文化传统,增强对自己文化的认同感。同时,体育活动也是一种社会交往的方式,通过参与社区或学校的体育活动,儿童可以建立起对社区和集体的归属感。

体育文化对于儿童的全面发展具有不可替代的作用。体育活动不仅能够促进儿童的身体健康和心理发展,还能够通过提供多样化的体验和挑战,激发儿童的创造力和想象力。通过体育活动,儿童可以探索自我、发展潜能,并在乐趣中学习到生活的重要课程。

(二)体育文化在青少年社会化中的作用

体育文化在青少年社会化中扮演着至关重要的角色。青少年时期是个体从儿童到成年的过渡阶段,这一时期的社会化经验对个体的自我认同、社会技能和价值观念的形成具有深远的影响。体育文化通过提供一系列的体育活动和竞技平台,为青少年的全面发展和社会适应提供了重要的支持。

1. 体育活动

体育文化对青少年的身体发展和健康有着显著的促进作用。青少年时期是身体成长和发育的关键时期,体育活动不仅能够增强青少年的体质,提高其身体素质，还能够预防和减少青少年时期常见的健康问题，如肥胖、心血管疾病等。此外，定期参与体育活动还有助于培养青少年的良好生活习惯和自我管理能力，为其成年后的健康生活奠定基础。

体育文化在培养青少年的社会技能和团队合作精神方面发挥着重要作用。体育竞技往往需要团队协作和策略配合，这为青少年提供了学习合作、沟通、领导和解决问题的机会。在团队体育活动中，青少年可以学习如何与他人协作，如何在集体中发挥作用，以及如何在竞争中保持公平和尊重。这些技能对于青少年未来的社会生活和职业发展具有重要的意义。

体育文化对青少年的自我认同和自尊心的建立具有积极的影响。通过参与体育活动，青少年可以在挑战中认识自我，在成功和失败中建立自信。体育竞技中的成就和认可可以增强青少年的自我价值感，帮助他们建立起积极的自我形象。同时，体育活动中的团队支持和同伴认可也有助于青少年在社会中找到归属感和认同感。

体育文化在塑造青少年的价值观念和道德标准方面起着关键作用。体育精神如公平竞争、尊重对手、坚持到底等，是体育文化的重要组成部分，也是青少年社会化过程中需要学习和内化的重要价值。通过体育活动，青少年可以实践这些价值观，学习如何在现实生活中应用这些原则，从而形成健全的道德观念和社会责任感。

2. 竞技平台

体育文化还能够作为青少年社会交往和文化交流的平台。通过参与体育活动，青少年可以结识来自不同背景的同伴，拓宽社交圈子，增进对不同文化的理解和尊重。体育赛事和活动往往具有强烈的社区和民族特色，这为青少年提供了了解和传承本土文化的机会，同时也为文化交流和融合提供了条件。

（三）体育文化在成人社会化中的作用

体育文化在成人社会化中的作用体现在多个层面，它不仅是维护和提升成年人身体健康的重要途径，也是促进社会交往、增强社会凝聚力和文化传承的重要机制。在成年人的生活中，体育文化的作用不仅限于体育竞技本身，更广泛地渗透到社会生活的各个方面。

体育文化对成年人的身体健康具有显著的促进作用。随着年龄的增长，成年人面临的生活方式疾病风险增加，如心血管疾病、糖尿病等。规律的体育锻炼能够有效预防这些疾病，提高生活质量。体育文化通过推广健康的生活方式和运动习惯，鼓励成年人参与到各种体育活动中，从而降低健康风险，增强体质。

体育文化在促进成年人社会交往和网络构建方面发挥着重要作用。成年人通过参与体育活动，可以结识新朋友，加强与旧朋友的联系，建立起广泛的社会关系网。体育活动提供了一个非正式的社交环境，使得成年人能够在轻松愉快的氛围中进行交流和互动。此外，体育活动中的团队合作和竞技对抗也能够增强团队精神和集体归属感，促进社会凝聚力的形成。

体育文化对成年人的价值观念和行为模式有着深远的影响。体育竞技中的公平竞争、尊重对手、坚持到底等体育精神，不仅在体育领域内得到体现，也被广泛地应用到社会生活中。成年人通过体育活动学习和实践这些价值观念，将其内化为个人的行为准则，这对于构建和谐社会和推动社会进步具有重要意义。

此外，体育文化在成年人的文化传承和身份认同中扮演着关键角色。体育活动往往与特定的文化传统和民族特色紧密相关，成年人通过参与这些活动，可以了解和传承本土文化，增强文化自信和民族自豪感。同时，体育活动也是文化交流的重要平台，成年人可以通过参与国际体育赛事和活动，了解和学习其他文化，促进文化的交流和融合。

体育文化还能够作为成年人情绪释放和压力管理的有效途径。在现代社会中，成年人面临着工作、家庭和个人发展等多方面的压力。体育活动提供了一个释放压力、调节情绪的良好渠道。通过体育锻炼，成年人可以有效地缓解紧张情绪，提高心理健康水平，从而更好地应对生活中的挑战。

体育文化在提升成年人生活质量和幸福感方面具有不可忽视的作用。体育活动不仅能够带来身体上的愉悦，还能够带来精神上的满足。成年人通过参与体育活动，可以获得成就感和自我实现的机会，这对于提升生活质量和幸福感具有重要作用。

(四) 体育文化在老年人社会化中的作用

体育文化在老年人社会化中的作用是多方面的，它不仅关系到老年人的身体健康和生活质量，还涉及社会参与、心理健康和文化传承等重要领域。随着全球人口老龄化趋势的加剧，老年人群体在社会中所占比例逐渐增加，他们在社会化过程中的特殊需求和角色越来越受到重视。

首先，体育文化对老年人的身体健康具有显著的促进作用。老年人由于生理机能的退化，更容易受到各种慢性疾病的困扰。适量的体育活动能够有效改善老年人的心血管健康、增强肌肉力量、提高关节灵活性，从而降低疾病风险，延缓衰老过程。体育文化通过推广适合老年人的体育项目，如散步、太极拳、水中健身等，鼓励老年人积极参与到体育锻炼中，维持和提升其身体健康水平。

其次，体育文化在促进老年人社会参与和防止社会孤立方面发挥着重要作用。退休后，老年人可能会失去原有的工作环境和社会联系，感到孤独和无助。体育活动提供了一个社交平台，老年人可以通过参与社区体育活动，与同龄人建立联系，增强社会归属感。此外，体育活动还能够提高老年人的社会能见度和参与度，使他们继续在社会中发挥作用，保持积极的社会角色。

再次，体育文化对老年人的心理健康有着积极的影响。随着年龄的增长，老年人可能会面临各种心理压力，如对健康的担忧、对子女的牵挂、对退休生活的适应等。体育活动能够提供情绪宣泄的途径，帮助老年人缓解压力，提高情绪状态。通过参与体育活动，老年人可以获得成就感和自我价值感，从而提升心理健康水平和生活满意度。

此外，体育文化在老年人的文化传承和生活充实方面也起到了重要作用。老年人拥有丰富的生活经验和文化知识，他们通过参与体育活动，可以将这些经验和知识传递给年轻一代。例如，老年人可以参与到传统体育项目的传承和教学中，不仅可以保持自身的活力和兴趣，也能够促进文化的传播和交流。体育文化能够作为老年人生活质量提升的有效途径。随着生活水平的提高,老年人对生活质量的要求也越来越高。体育活动不仅能够带来身体上的益处,还能够带来精神上的愉悦和社会上的认同。通过参与体育活动,老年人可以享受到运动的乐趣,丰富退休生活,提高生活质量。

三、体育文化对个体社会化能力的培养

(一)体育文化与个体合作能力的培养

体育文化通过团队运动和集体活动,为个体提供了学习和实践合作能力的机会。在团队体育活动中,个体需要与队友沟通、协调,共同制定策略和目标,这种互动过程有助于培养个体的合作精神和团队意识。合作能力是社会生活中不可或缺的重要技能,它涉及沟通、理解、妥协和共同解决问题的能力。体育文化通过模拟社会合作的场景,使个体在实践中学习和掌握合作的技巧,从而在社会生活中更好地与他人协作,实现共同的目标。

(二)体育文化与个体竞争意识的形成

体育竞技的本质在于竞争,体育文化通过各种形式的体育比赛,激发个体的竞争意识和胜利欲望。在体育竞技中,个体为了取得优异的成绩,需要不断挑战自我,提升个人技能和水平。这种竞争过程不仅有助于个体认识到自身的潜力和局限,还能够培养其面对挑战、勇于进取的精神。竞争意识是现代社会中个体发展和成功的重要因素,体育文化通过提供健康的竞争平台,使个体在公平的环境中体验竞争,学习如何在竞争中成长和进步。

(三)体育文化与个体自我认知的发展

体育活动为个体提供了自我探索和自我认知的机会。在体育活动中,个体通过与他人的比较和自我反思,能够更好地认识自己的优势和不足。体育竞技中的成功和失败经历,使个体有机会评估自己的能力,调整自我期望,形成更为准确的自我认知。自我认知是个体社会化过程中的关键环节,它影响着个体的自尊、自信和社会适应。体育文化通过提供多样化的体育体验,促进个体在社会互动中不断认识和发展自我。

(四)体育文化与个体道德规范的内化

体育文化强调公平竞争、尊重对手、遵守规则等道德规范,这些规范是

体育活动能够顺利进行的基础。在体育活动中，个体通过观察和模仿他人的行为，学习到社会公认的道德标准和行为准则。通过参与体育活动，个体不仅在行为上遵守这些规范，更在心理上内化这些价值观念，形成稳定的道德判断和行为习惯。道德规范的内化对于个体成为负责任的社会成员具有重要意义，它关系到个体如何在社会中正确行事，如何与他人建立和谐的关系。

第二章 体育文化建设的作用与价值体现

第一节 体育文化的软实力建设作用

一、体育文化与国家文化软实力建设的关系

体育文化与国家文化软实力建设的关系是一个多维度、深层次的议题。在全球化的大背景下，体育文化不仅是国家文化软实力的重要组成部分，更是国家形象和综合实力的重要体现。体育文化通过其独特的吸引力和影响力，能够在国际舞台上展现国家的文化魅力和价值观念，从而增强国家的软实力。

首先，体育文化是国家文化软实力建设的基础。体育作为一种全球性的文化现象，具有跨越国界、种族和语言的普遍性。体育赛事的举办和参与，不仅能够促进国民的身心健康，还能够通过体育精神的传播，弘扬民族精神和文化价值。体育文化的核心价值，如公平竞争、团队合作、尊重规则等，与社会主义核心价值观相契合，有助于塑造积极向上的社会风气和民族精神。

其次，体育文化是国家形象塑造的重要途径。通过体育赛事的成功举办，可以向世界展示国家的组织能力、管理水平和科技创新能力。体育赛事的全球关注度和影响力，使得国家形象的塑造和传播更为迅速和广泛。此外，体育文化中的民族元素和国家特色，也是展现国家文化多样性和包容性的重要窗口，有助于提升国家的国际形象和文化软实力。

再次，体育文化是国家综合国力发展的推动力。体育赛事的举办和参与，不仅能够带动体育产业的发展，还能够促进相关产业的繁荣，如旅游、餐饮、媒体等。体育产业的发展，有助于经济结构的优化和经济质量的提升。同时，体育文化的传播和交流，也有助于加强国际合作和文化交流，促进国家在国际事务中的话语权和影响力。

然而，体育文化的发展也面临着挑战。商业化和娱乐化的趋势可能影响体育文化的健康发展，体育赛事的政治化也可能对国家形象造成负面影响。因此，需要在发展体育文化的同时，注重体育精神的传承和体育文化的内涵建设，避免体育文化走向浅层化和功利化。

二、体育文化在和谐社会构建中的作用体现

体育文化在构建和谐社会中扮演着至关重要的角色。作为一种全球性的文化现象，体育文化以其独特的魅力和普遍性，不仅促进了个体的全面发展，还推动了社会各系统之间的和谐互动。在当前社会，体育文化已经成为人们生活中不可或缺的一部分，其在和谐社会构建中的作用体现在多个层面。

首先，体育文化对于促进个体的全面和谐发展具有显著影响。体育活动不仅能够增强个体的体质，提升身体健康水平，还能够通过各种体育竞技和团队活动，培养个体的合作精神、竞争意识和社交能力。在体育活动中，个体能够学会如何在规则的约束下进行公平竞争，如何在团队合作中实现共同目标，以及如何在面对挑战和压力时保持积极的心态。这些能力和素质对于个体在社会中的适应和发展具有重要意义。

其次，体育文化在促进社会系统的和谐方面发挥着重要作用。体育赛事和活动往往能够跨越社会阶层和群体界限，将不同背景的人们聚集在一起，共同分享体育带来的快乐和激情。这种广泛的社会参与不仅有助于增进社会成员之间的相互理解和尊重，还能够通过体育精神的传播，弘扬社会主义核心价值观，促进社会风气的积极向上。

再者，体育文化在推动人与社会的和谐方面具有独特优势。随着社会的

发展和人们生活水平的提高，越来越多的人开始关注个人健康和生活质量，体育活动成为人们追求健康生活的重要方式。通过参与体育活动，人们不仅能够提升自身的生活质量，还能够在社会中找到归属感和认同感，从而增强社会凝聚力和稳定性。

此外，体育文化在促进人与自然的和谐方面也发挥着积极作用。室外体育活动让人们有机会亲近自然，体验自然之美，从而增强人们对自然环境的保护意识和责任感。在追求身体健康的同时，人们也开始关注生态环境的保护，倡导绿色、环保的生活方式，这对于构建人与自然和谐共处的和谐社会具有重要意义。

最后，体育文化的繁荣发展还有助于推动经济的增长和社会的进步。体育产业作为现代经济体系的重要组成部分，不仅为社会提供了大量的就业机会，还通过体育赛事的举办和体育产品的生产与销售，带动了相关产业的发展。同时，体育文化的传播和交流也有助于提升国家的国际形象和文化软实力，增强国家在全球范围内的影响力和竞争力。

三、国家软实力建设中体育文化的积极作用

"中国文化事业和产业的繁荣发展，使得体育文化产业践行文化自信有了诸多现实价值与意义：发挥中国文化优势，塑造体育文化产业核心竞争力；彰显传统文化魅力，丰富体育文化产业基本内容；传播优秀中华文化，拓宽体育文化产业服务领域。"[1] 国家软实力的建设是一个全方位、多层次的过程，其中体育文化作为其重要组成部分，发挥着不可替代的作用。

（一）体育与政治的关系及体育的政治文化功能

体育作为一种全球性的文化现象，与政治的关系历来密切。体育赛事和活动往往被赋予超越单纯的体育竞技的意义，成为展现国家形象、传递政治信息的平台。在国际舞台上，体育赛事如奥运会、世界杯等，不仅是运动员竞技水平的展示，更是国家软实力的体现。通过体育交流和竞技，可以增进

---

[1] 李爽. 基于文化自信的我国体育文化产业发展研究[J]. 文体用品与科技，2023，15(15): 59—61.

国与国之间的相互了解和友好关系,促进国际社会的和平与发展。

体育的政治文化功能主要体现这些方面:首先,体育可以作为一种外交手段,通过体育交流拉近国家间的距离,增进相互理解和信任。其次,体育赛事的成功举办可以提升国家的国际地位和影响力,展示国家的组织能力和管理水平。最后,体育精神如公平竞争、团队合作等,与国家核心价值观相契合,可以通过体育活动加以传播和弘扬。

(二)运动员对国民价值观的导向作用

运动员作为公众人物,其言行举止对国民尤其是青少年有着重要的示范和引导作用。运动员在比赛中展现的坚持与拼搏、公平竞争的态度,以及在日常生活中的诚信与友善,都是对国民价值观的积极塑造。运动员的正面形象和行为,可以激励国民追求卓越、勇于挑战,同时也有助于培养国民的集体荣誉感和社会责任感。

为了更好地发挥运动员对国民价值观的导向作用,应当加强对运动员的思想政治教育,提高他们的社会责任感和道德素养。同时,应当通过媒体等渠道,广泛宣传运动员的正面故事和精神风貌,使之成为国民学习的榜样。此外,还应当鼓励运动员参与社会公益活动,通过实际行动传递正能量,影响和带动社会风气。

(三)体育文化在国家软实力建设中的综合作用

体育文化在国家软实力建设中的作用是多方面的。体育文化是文化传播的重要途径,通过体育赛事和活动的全球传播,可以让更多的人了解和认识一个国家的历史、文化和价值观。体育文化有助于增强民族自豪感和国家认同,通过体育成就的展示,可以激发国民的爱国热情和民族自信心。体育文化可以促进社会和谐,通过体育活动的开展,可以缓解社会矛盾,增强社会凝聚力。

为了充分发挥体育文化在国家软实力建设中的作用,需要从这些方面着手:首先,加强体育基础设施建设,提供良好的体育环境和条件,满足国民的体育需求。其次,推广全民健身运动,提高国民的身体素质和健康水平。再次,加强体育文化的国际交流与合作,提升国家在国际体育舞台上的影响力。最后，培养高素质的体育人才，提高国家的竞技体育水平，为国家争光。

第二节 体育价值及其文化评判

一、体育的三重价值解读

（一）娱乐价值

体育活动作为一种普遍存在的社会文化现象，自古以来就与娱乐价值紧密相连。从娱神的仪式到娱己的自我享受，再到娱人的集体观赏，体育的娱乐价值随着人类社会的发展而不断演变和丰富。

在人类早期社会中，体育活动最初是作为一种宗教仪式出现的，其主要目的是娱神，即通过一系列的体育活动来取悦神灵，以求得神灵的庇护和祝福。这种娱神的体育活动，人们表达了对自然界和神秘力量的敬畏，同时也强化了社会集体的凝聚力和文化认同。

随着社会的进步和人类对自然界认识的提高，体育活动逐渐从纯粹的宗教仪式中解脱出来，开始具有娱己的功能。人们通过参与体育活动，不仅能够锻炼身体、增强体质，还能够在运动中获得乐趣和满足感。这种娱己的体育活动，成为人们日常生活中的一种重要的休闲方式，有助于提高生活质量和精神愉悦。

进入现代社会，体育活动的娱人价值得到了前所未有的放大。随着体育竞技的专业化和职业化，体育赛事的水平不断提高，观赏性也越来越强。体育场馆的建设和传媒技术的发展，使得体育赛事可以被更广泛地传播和观赏。人们通过观看体育比赛，不仅能够感受到紧张刺激的竞技体验，还能够在集体观赏中获得归属感和社交乐趣。

在当代社会，体育的娱乐价值已经成为体育文化的重要组成部分。体育赛事不仅是一种娱乐产品，更是一种文化现象。它能够跨越国界、种族和文化的界限，吸引全球观众的关注。体育赛事中的激情与悬念、胜利与失败，都能够引发观众的强烈情感共鸣,成为人们共同的话题和记忆。

此外,体育娱乐价值的实现,也有助于推动体育产业的发展。体育赛事的举办和传播,带动了相关的商品和服务的消费,促进了经济的增长。同时,体育明星的出现,也为社会提供了新的偶像和榜样,影响着一代又一代人的价值观和生活方式。

(二) 功用价值

体育活动作为一种社会实践,其在人类文明发展史中扮演着重要角色。在当代社会,体育的功用价值不仅体现在个体层面,更在群体乃至国家层面发挥着不容忽视的作用。

体育活动首先在人与自然的矛盾关系中发挥着重要作用。人类在长期的进化过程中,逐渐形成了与自然环境相适应的身体结构和生理机能。体育活动通过对身体机能的锻炼和提升,强化了人类对自然环境的适应能力。例如,通过有氧运动可以增强心肺功能,提高血液循环效率,从而更好地应对气候变化带来的生理挑战。此外,体育活动还能够促进人体内部系统的协调运作,如通过增强肌肉力量和关节灵活性,提高个体在面对自然环境中的行动能力。

在处理人与人的社会关系方面,体育活动同样具有不可替代的价值。体育竞技作为一种社会文化现象,不仅能够促进个体之间的交流与合作,还能够在更广泛的社会层面上发挥重要作用。体育赛事往往能够跨越文化和国界,成为不同群体之间沟通和理解的桥梁。通过体育活动,个体能够在公平竞争的环境中建立友谊,增强团队精神,从而促进社会的和谐与稳定。此外,体育活动还能够作为一种社会资本,通过增强个体的社会网络和社区凝聚力,提升社会的整体福祉。

体育活动在处理个体内在的身心关系方面,展现出了其独特的功用价值。在现代社会中,由于生活节奏的加快和工作压力的增大,个体面临着越来越多的心理压力和情绪困扰。体育活动为个体提供了一种有效的心理调适手段。通过参与体育活动,个体不仅能够释放压力,还能够通过运动带来的愉悦感和成就感,提升自我价值感和幸福感。此外,体育活动还能够通过促进神经递质的释放，如内啡肽等，帮助个体缓解焦虑和抑郁情绪，维护心理健康。

(三) 衍生价值

1. 交往价值

体育活动在人类社会化过程中扮演着至关重要的角色，尤其在个体的社会交往能力培养方面具有显著的价值。体育不仅是一种身体锻炼的方式，更是一种社会实践活动，它通过集体性和竞争性的特质，为个体提供了学习和实践社会交往规则的平台。

在基本社会化阶段，体育活动是个体学习合作与竞争的重要途径。通过参与体育活动，个体能够学习到团队合作的重要性，体会到集体荣誉感，并在此基础上建立起初步的社会关系网络。在这一过程中，个体不仅学会了如何与他人协作，还学会了如何在竞争中保持公平和尊重对手，这些都是社会交往中不可或缺的基本素质。

继续社会化阶段是个体社会交往能力进一步发展和完善的时期。在这一阶段，体育活动提供了更为复杂和多样化的交往场景。个体在体育活动中不仅需要与队友建立合作关系，还需要与对手、教练、裁判等不同角色进行交流和互动。这种多元化的交往经验有助于个体理解不同社会角色之间的关系，学习如何在复杂的社会环境中进行有效沟通和协调。

再社会化阶段是指个体在经历了一定的社会生活后，为了适应社会变迁或个人发展的需要而进行的社会角色和行为模式的重新调整。体育活动在这一阶段同样发挥着重要作用。通过参与体育活动，个体能够与来自不同背景和社会阶层的人进行交往，这有助于打破社会隔阂，促进社会融合。同时，体育活动还能够作为一种社会资本，帮助个体在社会网络中获得更多的资源和支持，从而更好地适应社会变迁。

体育的交往价值还体现在它对个体心理素质的培养上。体育活动要求个体在面对挑战和压力时保持积极的态度和坚忍的意志。这种心理素质在社会交往中同样重要，它能够帮助个体在遇到人际冲突和困难时保持冷静和理智，采取有效的解决策略。此外，体育活动中的公平竞争和规则遵守也培养了个体的正义感和责任感,这些品质对于建立和维护健康的人际关系至关重要。

2. 财富价值

体育产业作为现代经济体系的重要组成部分,其财富价值日益凸显。在经济学意义上,体育产业的财富价值体现在其对国民经济的贡献,以及其在促进就业、增加税收、推动相关产业发展等方面的作用。

(1) 体育产业的规模和增长潜力是其财富价值的重要体现。随着全球经济的发展和人们生活水平的提高,体育产业的市场规模不断扩大,体育消费成为新的经济增长点。体育产业不仅包括传统的体育竞赛、体育健身等活动,还涵盖了体育用品制造、体育媒体传播、体育旅游、体育培训等多个领域,形成了一个多元化的产业体系。这种多元化的特点使得体育产业具有较强的抗风险能力和发展潜力。

(2) 体育产业的财富价值还体现在其对相关产业的带动效应。体育产业的发展能够促进建筑业、制造业、服务业等多个行业的增长。例如,大型体育赛事的举办需要大量的体育场馆建设,这直接带动了建筑业和建材业的发展;同时,体育赛事的转播和报道又推动了媒体和通信业的进步。此外,体育旅游作为一种新兴的旅游形式,也为旅游业带来了新的增长点。

(3) 体育产业在促进就业和增加税收方面也具有显著的财富价值。体育产业的发展为社会提供了大量的就业机会,包括运动员、教练员、裁判员、体育管理人员等专业岗位,以及场馆运营、体育营销、体育用品销售等关联岗位。这些就业机会不仅提高了社会的就业率,还通过税收增加了政府的财政收入,为社会公共服务的提供和基础设施建设提供了资金支持。

(4) 体育产业的国际化发展趋势也为其财富价值增添了新的维度。随着全球化的深入,国际体育赛事的举办和转播成为文化交流和国际合作的重要平台。体育产业的国际化不仅能够带动国内体育产业的升级和发展,还能够通过国际合作和交流,提升国家的软实力和国际影响力。

(5) 体育产业的创新驱动作用也是其财富价值的重要体现。体育产业的发展催生了一系列新技术、新产品和新服务,如智能体育装备、虚拟现实体育体验、在线体育教育等。这些创新不仅提升了体育产业的附加值,还推动了相关技术的发展和应用,为经济社会的持续发展注入了新的活力。

3. 象征价值

体育活动作为一种社会文化现象,其象征价值是多层次、多维度的。体育不仅是一种身体锻炼和竞技比赛的方式,更是一种文化符号和社会象征,它承载着丰富的社会意义和文化价值。

(1) 体育象征着人类对卓越和完美的追求。在体育竞技中,运动员通过超越自我、挑战极限,展现了人类对更高、更快、更强的不懈追求。这种追求不仅体现了个体的奋斗精神,也反映了社会对优秀成就的肯定和赞赏。体育竞技中的成功和胜利,成为人类共同愿望的象征,激发着人们为实现目标而努力奋斗。

(2) 体育象征着公平和正义。体育竞技规则的制定和执行,要求所有参与者在同等条件下进行比赛,无论背景、地位如何,都必须遵守同样的规则。这种公平竞争的原则,是现代社会法治精神的体现,也是体育活动能够得到广泛认可和参与的重要原因。

(3) 体育象征着民族精神和国家荣誉。在国际体育赛事中,运动员的表现往往被视为国家形象和民族精神的体现。体育比赛的胜负不仅关系到个人的荣誉,更关系到国家的尊严和民族的自豪感。因此,体育赛事成为国家间展示实力、增强凝聚力的重要平台。在这一过程中,体育成为国家软实力的重要组成部分,对于提升国家形象和国际地位具有不可忽视的作用。

(4) 体育还象征着和平与友谊。体育赛事为来自不同国家、不同文化背景的人们提供了交流和互动的机会。在体育的旗帜下,人们可以超越种族、宗教和政治的界限,共同分享体育带来的快乐和激情。体育赛事成为连接不同文化和促进国际友好的桥梁,传递着和平与友谊的信息。

(5) 体育象征着健康和活力。体育活动强调身体锻炼和健康生活,它倡导积极、健康的生活方式,鼓励人们追求身心的和谐发展。在现代社会中,体育已经成为提高生活质量、促进身心健康的重要途径。通过参与体育活动,人们不仅能够增强体质,还能够释放压力、享受生活。

第二章 体育文化建设的作用与价值体现

4. 感召价值

体育活动作为一种集体性的社会实践活动，具有独特的感召价值。这种价值不仅体现在运动员的个人奋斗和成就上，更体现在其对社会群体，尤其是观众的深远影响。体育的感召价值源于其内在的竞技精神、团结协作以及对卓越的不懈追求，这些元素共同构成了体育独特的社会文化意义。

（1）体育竞技的感召力体现在其对个人意志力的磨炼和挑战上。运动员在比赛中展现出的坚持和毅力，不仅是对自身极限的探索，也是对精神力量的考验。这种精神力量的展现，能够激发观众的情感共鸣，唤起他们内心深处的激情和斗志。观众通过观看比赛，能够在运动员的拼搏中看到自己的影子，从而受到鼓舞，激发出面对生活挑战的勇气和力量。

（2）体育活动通过集体性的参与和仪式性的体验，强化了社会群体的凝聚力和团结精神。体育赛事往往伴随着各种仪式和庆典活动，这些活动不仅为赛事增色添彩，也为参与者提供了共同体验和情感交流的机会。在这种集体性的活动中，个体的荣誉感和归属感得到加强，社会群体的团结和协作精神得到提升。

（3）体育的感召价值还体现在其对社会价值观的传播和塑造上。体育活动所倡导的公平竞争、尊重对手、团队合作等价值观念，与社会的主流价值观相契合。通过体育活动，这些价值观念得以在社会中广泛传播和深入人心。运动员的榜样作用和体育赛事的影响力，使得这些价值观念得以在社会中得到有效地弘扬和实践。

（4）体育活动还能够激发爱国热情和民族情怀。在国际体育赛事中，运动员代表国家出征，他们的表现往往被视为国家形象和民族精神的象征。在这种情况下，体育赛事成为民族自豪感和爱国情感的触发点。观众通过为国家队加油助威，不仅表达了对运动员的支持，也表达了对国家的热爱和对民族的自豪。

（5）体育的感召价值还体现在其对个人行为规范和社会公德的培养上。体育活动要求参与者遵守规则、尊重他人，这些要求在赛事中得到体现和强化。通过参与和观看体育活动，人们在无形中接受了这些行为规范的熏陶，从而有助于提升社会公德水平和促进社会和谐。

二、体育价值的文化评判

体育价值的文化评判来自体育作为一种亚文化形态需要得到文化确认。以文化为标准,可以从文化含量、文化品位和文化格调等方面来全面评判体育价值,也可以对应体育的娱乐价值、功用价值和衍生价值,对体育价值分别进行鉴赏、鉴别和鉴定。

(一)体育娱乐价值的文化格调

体育娱乐价值的文化鉴赏,是一种对体育活动中所蕴含文化元素的感知与评价过程。在这一过程中,人们不仅关注体育活动本身所带来的刺激和乐趣,更关注其背后的文化内涵和审美价值。通过对体育娱乐价值的文化鉴赏,人们可以更加深入地理解体育活动的精神内核,从而提升自身的文化品位和审美情趣。

体育娱乐价值的文化格调,是指体育活动在文化层面上所展现出的品位和风格。高雅的文化格调能够引导人们追求更高层次的精神满足,而庸俗的文化格调则可能导致人们陷入浅层次的感官刺激。因此,对体育娱乐价值进行文化鉴赏,就是要在众多体育活动中寻找和欣赏那些具有高雅文化格调的元素,从而提升体育娱乐活动的文化品质。

体育活动作为一种文化现象,其高雅的文化格调主要体现在以下方面:

首先,体育活动能够展现出人类对美的追求和创造。体育活动中的运动之美、力量之美、协调之美,都是人类对美的一种探索和表达。在体育活动中,运动员通过对身体极限的挑战和对技巧的精湛掌握,展现出人类身体和精神的力量和美。这种对美的展现和追求,是体育活动高雅文化格调的重要体现。

其次,体育活动能够体现出人类对卓越的不懈追求。在体育竞技中,运动员不断挑战自我,追求更高的成就和荣誉。这种追求卓越、永不放弃的精神,是人类文化中的一种重要价值观念。通过体育活动,这种价值观念得以在社会中广泛传播和实践,从而提升了体育活动的文化内涵和文化格调。

再次,体育活动能够促进社会文化的交流和融合。体育赛事往往跨越国界,吸引着来自不同文化背景的观众和参与者。在这一过程中,不同文化的交流和碰撞,不仅丰富了体育活动自身的文化内涵,也为促进世界文化的交流和融合提供了平台。通过体育活动,人们可以感受到不同文化的魅力,增进对其他文化的理解和尊重,从而提升体育活动的国际影响力和文化品位。

最后,体育活动还能够传递正面的社会价值观。体育活动中所倡导的公平竞争、团队合作、尊重对手等价值观念,是现代社会所推崇的正面价值观。通过体育活动,这些价值观得以在社会中得到有效地弘扬和实践,从而提升了体育活动的社会价值和文化意义。

(二) 体育功用价值的文化品位

体育功用价值的文化鉴别是一个深入探讨体育活动内在文化价值的过程,旨在区分体育活动中的精华与糟粕,从而促进体育活动的文化品位提升。在这一过程中,需要从多个维度对体育功用价值进行全面的审视和评价,以确保体育活动能够在促进身体健康、心理发展的同时,也能够丰富人们的精神文化生活。

首先,体育功用价值的文化鉴别需要关注体育活动对个体全面发展的促进作用。体育活动不仅仅是身体锻炼的手段,更是培养个体综合素质的重要途径。在追求体育功用价值的过程中,应当注重体育活动对个体智力、情感、社交能力等方面的积极影响,避免将体育活动简化为单纯的身体竞技。通过体育活动,个体不仅能够增强体质,还能够培养团队合作、公平竞争、尊重他人等社会性素质,从而实现身心的和谐发展。

其次,体育功用价值的文化鉴别应当关注体育活动在促进社会文化交流和融合方面的作用。体育活动作为一项全球性的文化现象,具有跨越国界、连接不同文化的特质。在全球化的背景下,体育活动应当成为促进不同文化相互理解和尊重的平台。通过体育活动,不同文化背景的人们可以相互交流、相互学习,共同分享体育带来的快乐和激情。这种文化交流和融合的过程,有助于提升体育活动的文化品位,丰富人类的精神文化生活。

再次,体育功用价值的文化鉴别需要关注体育活动对民族传统文化的传承和创新。在追求体育功用价值的过程中,应当重视体育活动对民族传统文化的保护和发扬。体育活动可以成为传承和展示民族传统文化的重要载体,通过体育活动,可以将民族的传统体育项目、体育精神和文化价值观传递给更多的人。同时,体育活动也应当不断创新,将民族传统文化与现代体育理念相结合,使民族传统文化在现代社会中焕发新的活力。

最后,体育功用价值的文化鉴别应当关注体育活动对提升社会文明程度的贡献。体育活动作为一种社会文化现象,不仅能够促进个体的身心健康,还能够提升社会的整体文明程度。通过体育活动,可以培养人们的公平竞争意识、团队合作精神和社会责任感,从而促进社会的和谐稳定。此外,体育活动还能够通过举办大型体育赛事等方式,提升城市的国际形象和文化品位,为城市的可持续发展注入新的活力。

(三) 体育衍生价值的文化含量

体育衍生价值的文化鉴析是对体育活动在文化层面上产生的影响和意义进行深入探讨的过程。体育衍生价值,作为体育与人类其他活动互动的结果,不仅丰富了体育本身的内涵,也在一定程度上影响了社会文化的发展方向。在这一过程中,文化含量成为一个关键的评判标准,它决定了体育衍生价值在文化层面上的重要性和影响力。

体育交往价值的文化含量体现在体育活动作为人际交往的媒介,促进不同文化背景的人们之间的相互理解和沟通。体育活动作为一种普遍的语言,能够跨越语言和文化的障碍,促进国际间的友好交流。然而,体育交往的价值并非单一维度,它受到特定文化背景的影响,可能会带有特定的意识形态色彩。因此,在体育交往中,应当注重文化的多元性和包容性,避免体育成为文化冲突的场所。

体育财富价值的文化含量在于体育产业的发展对经济的贡献,以及体育商业化对文化的影响。体育产业的蓬勃发展带动了就业、促进了消费、增加了税收,对经济有着显著的推动作用。然而,体育商业化的过程中也可能带来文化同质化的风险,导致地方文化和民族特色被边缘化。因此,在推动体育产业发展的同时,应当注重保护和弘扬地方文化,维护文化多样性。

体育的象征价值在文化层面上具有深远的影响。体育活动和运动员往往被视为某种精神象征，如公平竞争、团队合作、坚持不懈等，这些都是体育文化的核心价值。体育的象征价值还能够激发民族自豪感和爱国情感，成为国家形象和民族精神的代表。然而，体育象征价值的解读具有主观性，不同的文化背景和个人经历可能导致对同一体育事件的不同理解。因此，在解读体育的象征价值时，应当尊重多元文化视角，促进文化的交流与理解。

体育的感召价值体现在其能够激发人们的情感共鸣和集体热情。体育赛事中的激情和紧张氛围能够使观众产生强烈的参与感和归属感，这种集体体验是体育文化的重要表现形式。体育感召价值的发挥有助于增强社会凝聚力和集体认同感。然而，体育感召价值也可能被用于特定的政治或商业目的，因此，在利用体育感召价值时，应当审慎考虑其对社会文化的影响，避免体育被过度商业化或政治化。

第三节 体育价值的文化开发向度

一、树立体育价值的文化标杆

"体育价值的大小越来越取决于其文化高度。文化高度以体育的群众性为基础。在奥运会上我国运动健儿取得非常优秀的成绩之后，我们看到了一个竞技体育场域强大中国的崛起，也开始对作为其基础的群众体育、全民健身体育予以反思，这两者之间在资金投入、设施建设、训练指导等方面的差距，引发了学界和公众对举国体制的讨论。"[①]

在群众体育中，常常能看到那些为提升体育价值树立的文化标杆。例如，国家人力资源社会保障部和国家体育总局定期举办的表彰大会，每四年评选一次全国群众体育先进单位和先进个人，以及全国体育系统先进集体和先进工作者，这些受到表彰的单位和个人无疑是推动体育价值提升的重要力

---

① 刘湘溶. 体育文化建设六论 [M]. 长沙：湖南师范大学出版社，2022：64.

量，他们的成就和贡献值得广泛宣传和推广。然而，竞技体育作为体育领域的高端代表，其文化标杆往往体现在体育明星身上。这些高水平的专业或职业运动员，他们的体育精神——包括精神品质、精神格调、精神面貌和精神境界，对体育价值的社会接受产生了更为直接、广泛和深刻的影响。

二、确立体育价值的文化标准

文化的存在是无形的，而文化的表达是有形的。文化标准是体育价值的衡量器。在探讨体育价值的文化标准时，我们首先需要明确文化的本质及其在体育领域中的具体体现。文化作为一种社会现象，涵盖了人类社会的各个领域，其中体育作为人类社会的重要组成部分，自然也受到文化的影响。体育价值的文化标准，既是对体育活动的规范和引导，也是对体育文化的传承和发展。

（一）以人为本

体育价值的文化标准之一是以人为本。以人为本作为一种价值理论，是体育必须全面贯彻的文化标准。所谓全面即以人为本的文化标准，不但要体现在竞技体育中，而且要体现在包括学生群体在内的群众体育中，要体现在竞技体育和群众体育的各方面和全过程。

体育是一项基本人权，它首先意味着体育是公众日常生活中不可或缺的一部分，构成了公众基本的生活方式。因此，我们在关注竞技体育的同时，更应把焦点放在群众体育上，努力为群众体育的开展和全民健身创造有利条件，提供充分保障。这不仅是践行以人为本的文化标准，更是对公众基本生活需求的尊重与回应。

同时，在竞技体育领域，不仅要关注运动员的运动水平和比赛成绩，更应关注他们的全面发展，关心他们的身心健康和安全。运动员是活生生的人，他们不应被简单地视为运动机器、商业工具或体育符号。以人为本的文化标准要求我们在体育活动中，充分尊重运动员的主体地位，关注他们的个体差异，促进他们的全面发展，从而实现体育价值的最大化。

（二）快乐第一

体育价值的文化标准之二是快乐第一。体育不仅能够愉悦心灵，还能够强身健体，不仅能够愉悦身心，还有助于提高生活质量，它是心灵愉悦、身体锻炼和生活改善的统一体。在快乐中进行锻炼，使锻炼不再是一种强制，而是为快乐所引导；在锻炼中享受快乐，使快乐与健身相伴随；拥有强健的体魄，生活才能更加惬意。体育能够使"生活更加甜蜜"。对于个体而言，接受某种体育运动的首要原因，是它能够在心理上带来轻松和愉悦，或者用顾拜旦的话来说，能够"充满欢喜"和"散心解闷"。当然，体育作为一种社会实践活动，具有较强的社会性，参与体育竞技的个体不仅能够通过满足他人的快乐需求来展示自己的社会价值，还能够从中获得"自我实现所带来的高峰体验"式的人生享受。总的来说，体育带来快乐，而快乐促进体育的参与。这是体育作为人类活动的基本属性，也是体育具有无穷魅力的原因所在。

（三）尊重对手与规则

体育价值文化标准的核心之一是尊重对手与规则。在竞技体育的领域内，竞争虽然是其本质特征，但胜利的追求并不应以牺牲对手的尊严为代价。尊重对手，意味着在竞技过程中平等对待对方的人格和权利，这种尊重是相互的，是体育精神的重要组成部分。在追求竞技胜利的同时，运动员也必须战胜自我，实现自我超越。尊重对手与自我挑战是相辅相成的，无论结果如何，保持平和的心态，胜不骄、败不馁，是对个人品质的考验。只有不断追求更高、更快、更强的目标，运动员才能在与对手的竞争中不断提升自我。

尊重规则是体育竞技的基石，规则的合理性是建立在制定规则的程序合理性的基础之上的。规则的合理性包含法理、道理和情理三个方面，它们之间可能存在不一致，但理想的规则应追求这三者的和谐统一。尽管规则可能包含这三理，但一旦规则确立，它就在整体上具有了法定性质，因此应当受到尊重并严格执行。即使规则存在不合理之处且尚未修订，也应当予以尊重并执行。体育，尤其是竞技体育，要求运动员尊重并执行规定，这种对规则的尊重和执行在公众视野下展现，并对社会生活产生深远影响，这也是体育独特的魅力所在。通过对规则的尊重和执行，体育竞技不仅展现了公平竞争的精神，也传递了遵守规则、尊重法治的重要社会价值。

三、塑造体育价值的文化标识

体育的价值更多是在感染中生成的，因此体育会旗与会徽、体育建筑、体育口号、体育仪式、体育服饰、体育赛规赛制赛会等象征体育价值的文化标识的塑造——赋予会旗、会徽文化意蕴，积淀体育建筑的文化张力，展示体育口号的文化魅力，聚合体育仪式的文化氛围，发散体育服饰的文化创意，充填体育赛规赛制赛会的文化内容等，在无形中对人们的熏陶历时弥久，潜移默化。

（一）赋予会旗、会徽文化意蕴

体育，作为人类社会的一种独特文化现象，其背后蕴含着丰富的文化内涵和价值观念。在全球化背景下，体育运动会作为展示国家形象、传播民族文化的重要平台，其会旗和会徽的设计显得尤为重要。它们不仅是体育运动的视觉标识，更是承载了深厚的文化意蕴，成为塑造体育价值的文化标识。

会旗与会徽，作为体育运动会的视觉符号，其设计往往融合了主办国家的文化特色、历史传统以及体育精神。它们通过色彩、形状、图案等视觉元素，传达出主办者对于体育文化的理解和追求。在这个过程中，会旗与会徽不仅成为体育运动的标志，更成为传播主办国家文化、展示国家形象的重要载体。

以奥林匹克五环会旗为例，其设计简洁而富有深意。五个相互套连的环，分别代表五大洲的团结与和谐。蓝色代表欧洲，黄色代表亚洲，黑色代表非洲，绿色代表澳洲，红色代表美洲。这五个环紧紧相连，象征着全世界人民的团结与友谊。在奥运会上，这面会旗高高飘扬，不仅代表着奥林匹克精神的传承与发扬，更成为连接各国运动员、促进国际交流与合作的桥梁。

同样，奥运会会徽也是体育多模态语言的杰出代表。每一届奥运会的会徽都是独一无二的，它们根据主办国家的文化特色、历史传统以及体育精神进行设计，展现出独特的艺术魅力和文化内涵。从早期复杂的招贴画式会徽到现代简约抽象的艺术性会徽，奥运会会徽的演变不仅反映了设计理念的进步,更体现了主办国家对于体育文化的深入理解和探索。

会徽的设计往往融合了主办国家的文化符号、象征元素以及体育精神。它们通过独特的图案、色彩和构图,展现出主办国家的文化特色和历史传统。同时,会徽也承载着主办国家对于体育运动的期望和追求,成为激励运动员奋发向前、追求卓越的精神象征。

在现代奥运会中,会徽的设计已经成为一项重要的文化活动。通过公开征集、择优选用的方式,广泛吸纳社会各界的设计创意和智慧。最终经过国际奥委会执行委员会的审查批准,确定每届奥运会的会徽。这一过程不仅体现了民主与开放的精神,更展示了主办国家对于体育文化的尊重和传承。

此外,会旗与会徽的文化意蕴还体现在其对于体育精神的传播和弘扬上。无论是奥林匹克精神中的"更快、更高、更强",还是其他体育运动会所倡导的"友谊、团结、公平竞争"等理念,都通过会旗与会徽的设计得以生动展现。这些理念不仅激励着运动员在赛场上奋力拼搏、追求卓越,更引导着人们在日常生活中秉持积极向上的生活态度和价值观。

综上所述,赋予会旗、会徽文化意蕴是塑造体育价值文化标识的重要手段。通过精心设计、巧妙构思,会旗与会徽不仅能够成为体育运动的视觉标识,更能够成为传播主办国家文化、展示国家形象、弘扬体育精神的重要载体。在未来的体育运动会中,我们应当更加注重会旗与会徽的文化内涵和价值观念的表达,让它们成为连接各国人民、促进国际交流与合作的桥梁和纽带。

(二)积淀体育建筑文化张力

体育建筑,作为人类文明的独特标志,是体育事业与文化传统相交融的产物。它们不仅仅是一堆堆钢筋水泥的堆砌,更是历史、文化、艺术与科学的结晶。这些建筑,无论是古老的奥林匹亚体育场,还是现代的综合性体育场馆,都以其独特的形态和内涵,积淀着体育建筑文化的深厚张力。

体育建筑作为专为体育教学、比赛、健身和娱乐而设计的建筑物,其历史渊源可以追溯到古代文明时期。古希腊的奥林匹亚体育场,作为祭祀宙斯神的圣地,同时也是古代奥林匹克运动会的举办地,其独特的建筑布局和风格，体现了古代人们对体育运动的崇拜和追求。随着历史的演进，体育建筑逐渐发展成为现代城市中不可或缺的重要组成部分。它们不仅承载着推动体育事业发展的重任，更在塑造城市形象、提升城市文化品质方面发挥着重要作用。

体育建筑的文化张力，首先体现在其物质形态上。从设计到施工，从材料选择到色彩搭配，每一个细节都凝聚着设计师和建筑师的心血和智慧。体育建筑的设计，往往注重与周围环境的和谐统一，同时又要体现出自身的独特性和标志性。它们或雄伟壮观，或简约大方，或充满现代感，或洋溢着古典韵味。无论是古罗马的圆形竞技场，还是现代的多功能体育馆，都以其独特的建筑形态和风格，成为城市中的一道亮丽风景线。

体育建筑的文化张力，还体现在其精神内涵上。体育建筑不仅仅是体育活动的场所，更是体育精神和文化传承的载体。它们通过雕塑、壁画等艺术形式，诠释着体育精神的深刻内涵，表达着人们对体育运动的热爱和追求。在体育建筑的空间中，人们可以感受到一种积极向上的氛围，这种氛围激励着人们不断挑战自我、超越极限。同时，体育建筑也承载着民族文化和地域文化的特色，通过其独特的建筑风格和文化元素，展示着不同民族和地区的文化魅力。

随着现代体育事业的不断发展，体育建筑也呈现出多元化、个性化的趋势。竞技型体育场馆以其先进的设施和完善的服务，吸引着世界各地的运动员和观众；健身休闲型场馆则注重提供舒适的环境和个性化的服务，满足市民日益增长的健身需求；教学训练型场馆则更注重实用性和功能性，为培养优秀的体育人才提供有力保障。这些不同类型的体育建筑，在满足不同人群需求的同时，也在不断地推动着体育事业的发展和创新。

在建设体育建筑的过程中，我们必须注重科学性和人文性的统一。科学性体现在对建筑结构、功能布局、设施设备等方面的合理规划和精心设计；人文性则体现在对文化内涵、历史传承、人文关怀等方面的深入挖掘和充分表达。只有将科学性和人文性相结合，才能打造出既具有实用性又具有文化价值的体育建筑。

此外，体育建筑的建设还应注重与城市规划的协调。它们应该成为城市空间的重要组成部分，与周围环境相互呼应、相互映衬。通过合理的规划和设计，体育建筑可以与城市的其他文化设施、自然景观等形成有机的整体，共同构成城市的文化景观和形象特色。

（三）展示体育口号的文化魅力

在体育文化的广阔天地中，口号以其独特的形式和力量，成为塑造体育价值、展示文化魅力的重要载体。口号，作为简短而富有力量的语言形式，其背后蕴含的是深厚的文化内涵和时代精神。体育口号，作为体育文化的重要组成部分，不仅是对体育精神的提炼和概括，更是对体育价值的传递和弘扬。

体育口号的文化魅力，体现在其简洁明了、通俗易懂的特点上。一个好的体育口号，往往能够用寥寥数语，精准地概括出体育运动的核心理念和价值追求。这种简洁性不仅使得口号易于传播和记忆，更能够深入人心，激发人们的共鸣。例如，奥运会的口号"更快、更高、更强"，就以其简洁明了的表达方式，准确地传达了奥林匹克精神的核心内涵，成为激励一代又一代运动员不断追求卓越的精神动力。

体育口号的文化魅力还体现在其强烈的情感色彩上。口号往往带有强烈的情感倾向，能够激发人们的情感共鸣和行动力。在体育领域，这种情感色彩尤为重要。一个富有感染力的体育口号，能够唤起人们的爱国情感、集体荣誉感和拼搏精神，激励人们在体育赛场上奋力拼搏、为国争光。例如，某届世界杯足球赛的口号"足球，让梦想照进现实"，就以其富有感染力的表达方式，激发了广大球迷对于足球运动的热爱和追求，成为那届赛事的亮点之一。

此外，体育口号的文化魅力还体现在其与时代精神的紧密结合上。每个时代都有其独特的文化特征和时代精神，体育口号作为体育文化的重要组成部分，必然要与时代精神相契合。一个好的体育口号，不仅能够反映出时代的文化特色，更能够引领时代的文化潮流。例如，在现代社会中，随着环保理念的深入人心，越来越多的体育赛事开始将环保元素融入口号之中，如

"绿色奥运，环保先行"等，这些口号不仅体现了体育赛事对于环保事业的关注和支持，更引领了社会文化的绿色发展方向。

从文化考量的角度来看，体育口号的选择和创作是一项需要深思熟虑的工作。它要求创作者既要深入理解体育运动的本质和价值，又要准确把握时代的文化脉搏和人们的精神需求。只有这样，才能创作出既具有文化内涵又富有感染力的体育口号，让人们在欣赏体育赛事的同时，也能够感受到文化的魅力和精神的力量。

展望未来，随着体育事业的不断发展和文化的不断繁荣，我们相信体育口号的文化魅力将会得到更加充分地展现。未来的体育口号将更加注重对体育价值的深入挖掘和表达，更加注重与时代精神的紧密结合和引领，成为塑造体育形象、传播体育文化、弘扬体育精神的重要力量。

（四）聚合体育仪式文化氛围

体育仪式，作为体育活动中不可或缺的一环，不仅是对体育精神的彰显，更是对文化价值的传承与弘扬。从开幕式的热烈喜庆，到颁奖仪式的庄严隆重，再到闭幕式的依依惜别，每一个仪式都承载着深厚的文化内涵，聚合起独特的体育仪式文化氛围。

开幕式，作为体育盛事的序曲，其重要性不言而喻。它不仅是对运动员们的一次盛大欢迎，更是对观众的一次文化盛宴。现场布置作为开幕式的重要组成部分，需根据运动会项目的特性进行差异化设计，既要展现出项目的独特魅力，又要营造出热烈、庄重、大气的氛围。在中国，开幕式的流程通常遵循一定的规范，但每一次的开幕式都有其独特的创意和亮点，使得每一次的观看都能带来不同的文化体验和感受。

颁奖仪式，则是体育仪式中的高潮部分。当运动员们站在领奖台上，接受着荣誉与掌声的洗礼时，他们的心中充满了喜悦与自豪。颁奖仪式不仅是对运动员们辛勤付出的肯定，更是对他们体育精神的赞美。在这一时刻，体育与文化的结合达到了顶点，让人们深刻感受到体育仪式的庄重与神圣。

闭幕式，则是对整个体育盛事的完美收官。在告别之际，人们带着对运动的热爱和对文化的敬仰，共同回顾着过去的点滴。闭幕式不仅是对运动员们的一次告别，更是对观众的一次文化熏陶。在闭幕式的文艺表演中，人们可以感受到文化的力量，体验到体育与文化的完美结合。

体育仪式的文化氛围，不仅体现在仪式本身的设计和流程上，更体现在参与者的态度和行为上。无论是运动员、教练员还是观众，他们都在用自己的方式诠释着体育精神，传递着文化价值。他们的每一个动作、每一个表情，都成为体育仪式文化氛围的重要组成部分。

在我国，大型综合体育运动会的组织者对开幕式的文艺表演尤为重视。他们精心策划、细致安排，力求将每一次开幕式都打造成为一次文化的盛宴。这些文艺表演不仅具有极高的艺术价值，更蕴含着深厚的文化内涵。它们通过舞蹈、音乐、戏剧等多种形式，展现了我国悠久的历史文化和独特的民族风情，让人们在欣赏艺术的同时，也能感受到文化的魅力。

此外，体育仪式文化氛围的聚合还需要社会各界的共同努力。政府、学校、企业等各方应积极参与体育仪式的组织与实施，为体育仪式的文化氛围营造提供有力支持。同时，媒体也应充分发挥其传播作用，通过广泛报道和深入解读体育仪式背后的文化内涵，引导公众形成正确的体育价值观和文化观。

（五）发挥体育服饰的文化功能

服饰是衣裤、鞋帽等饰品的总称。服饰既是物质文明的结晶，又蕴含精神文明的含义。

服饰对于人类而言，其功能是多维度的。首先是遮身暖体的功能。从历史的角度看，人类发明服饰的最初动因便是为了解决遮身暖体的问题。其次是审美的功能。追求美是人之天性，衣冠于人如金裱于佛，其作用不仅是为了遮身暖体，更是为了满足审美的需要。再者，服饰具有信息传播的功能。一个人穿戴什么、如何穿戴，实际上都是在向外界传递着某种信息，表达着他的价值观念、审美情趣、知识修养、个性特征、经济状况、生活经历、职业职位以及当下的心情等。这种表达有时是显性的、有意识的，有时是隐性的、无意识或潜意识的。

正是因为服饰具有这些功能，所以我们在塑造象征体育价值的文化标识时，必须重视体育服饰的文化创意。这种创意可分为服装与饰物两个方面。在服装方面，其文化创意应着重把握款式、材料、颜色、图案等要素。

（六）充填体育规制的文化内质

规制是规范和制度的结合体，主要指的是具有规范性质的制度安排。在体育领域中，规制也占据着重要位置，包括微观和宏观两个层面。微观层面的规制主要关注体育比赛的制度化和规范性技术要求，我们称之为规则。

体育比赛在裁判员的引导下，依据统一的规则，由运动员个体或团队间展开竞技对抗。不同的体育项目拥有各异的规则，如篮球的"三秒"规则，足球的"越位"规则，以及田径比赛中的"抢跑""踩线"等规定。这些规则对参赛者具有约束力，需要他们在理解和认同的基础上遵守并灵活应用。违反规则将被视为犯规，并会受到相应处罚。

在全球范围内，体育项目种类繁多，每个项目都拥有独特的比赛规则体系。这些规则的形成与变化背后都有其逻辑和故事。若能选取具有代表性的体育项目，深入剖析其规则体系，解读规则的制定逻辑和背后的故事，将对体育文化建设产生深远影响，并带来趣味性。

四、体育价值文化开发的核心

文化是一个国家、一个民族的灵魂。体育文化是中国特色社会主义文化的重要组成部分，体育价值的文化开发要重在民族精神的传承和时代精神的弘扬。

（一）体育价值的文化开发与民族精神传承

每一个民族都有自己独特的历史与文化，在历史长河的奔流和文化的变迁中，铸就了独特的民族精神。中华民族精神具体包括爱国精神、团结统一精神、爱好和平精神以及勤劳勇敢、自强不息精神等。社会主义核心价值观对公民的价值准则是：爱国、敬业、诚信和友善，爱国列居其首。体育由于其独特的文化气质和文化定位而对中华民族精神——例如爱国主义精神的传承有着不可替代的作用。

体育是对身体的教育，是对身体运动的教育。虽然体育运动从一开始就具有竞争的意义，但在近代民族国家尚未形成之前，体育运动的竞争没有上升到民族或国家实力或荣光的层面。然而近代以来，伴随着民族国家的日臻完善，体育运动从形式到内容都发生了很大变化，现代奥林匹克运动的复兴即最好的证明。在这样的背景下，体育与民族和国家的命运发生了密切关联，成为国家地位的写照和象征，因此体育也就成为展示和强化民族精神特别是爱国主义精神的重要介质。

中国体育源远流长，体育文化的生成轨迹也记录着中华民族的兴衰，这从中国和奥运会的牵手即可见一斑，它经历了一个曲折的过程而曲折的过程却昭示了一个道理：国家的贫弱必然造成体育的萎缩，民族的富强定能成就体育的辉煌。改革开放以来，我国在经济社会发展上取得的巨大成就，奠定了中国体育健儿在奥运会等国际重要体育比赛赛场上叱咤风云的坚实基础，而中国体育的崛起，也助推中国屹立于世界东方。正是对祖国的热爱和为国争光信念激励无数体育健儿克服常人难以想象的困难，不断超越自我，创造佳绩。中华人民共和国体育界历来具有爱国的优秀传统，并自觉把从事的具体运动项目与报效祖国的宏伟大志紧紧联系在一起。这种意志和品格，感动着中国，对激发人民的爱国主义情怀产生了广泛的影响。

（二）体育价值的文化开发与时代精神的弘扬

中国体育文化的发展同样对时代精神的弘扬发挥了不可替代的作用，而在时代精神的浸润下，中国体育文化的成长也才能开疆拓土，茁壮成长。在当下之中国，发扬以爱国主义为核心的民族精神与弘扬以改革创新为核心的时代精神是有机统一的。体育价值的文化开发对时代精神的弘扬主要表现在以下两个方面：

第一，体育文化对时代风范的展示。改革创新是伴随着开放而进行的，当代中国体育文化正展现出一种开放且相互融通的时代特征。体育文化既具有世界性，也富含民族特色。全球化已成为时代的趋势，而和平与发展则是当今世界的核心议题。这种全球趋势和主题促使各国体育文化间的交流与互动，使中国体育与世界体育紧密相连，在交流中相互启发，不断创新，从而成为世界体育大家庭中不可或缺的一员。如果世界体育文化缺少了中国的元素，那么它将是残缺不全的；反之，如果中国体育脱离了世界舞台，也将失去宝贵的参照和活力。

　　第二，体育文化对时代特征的表达与诠释，有效推动了中国体育的市场化、商业化运作，促进了中国体育的国际化、休闲化、娱乐化进程，进而满足了人民群众对美好生活日益增长的需求。在体育价值的文化开发或体育文化建设过程中，必须注重两点：一是要赋予体育文化鲜明的时代特征，同时不可丢失中国优秀的传统文化元素。其中就包括了中国古代体育文化所蕴含的以人为本的精神——包括追求天人合一的境界、自强不息的进取态度、身心兼修的生命整体观念、循规守礼的道德操守以及体美交融的风格等。这些传统不仅不能遗弃，更应在新时代的体育文化中得以充分吸收和发扬光大。二是要加快融入世界的步伐，但在此过程中需保持中国的文化特色。体育文化并非抽象，而是与一国的经济制度、政治制度、生产生活方式等紧密相关，并与民族的心理期求息息相关。融入世界并不意味着放弃自我特色，正如"只有民族的才是世界的"这一理念，同样适用于体育文化领域。

第三章　体育文化的多维建设及其发展态势

第一节　竞技体育的精神文化建设

一、竞技体育精神文化的内涵

(一) 国家至上精神

国家至上精神从内涵上讲，它是我国竞技体育从业者对国家的绝对忠诚、热爱，以牺牲自我的实际行动争取优胜来献身国家的一种大无畏精神；从产生的条件上来讲，它源于中华人民共和国成立之初所面临严峻的国内外环境，源于我国人民基于追赶的社会心态。

从内涵层面来看，爱国主义是一种融合了忠诚、热爱与报效祖国的集体情感、思想和意志的社会意识形态。它是在人类社会发展的历史长河中逐渐形成、壮大并巩固的一种强大精神力量，它团结凝聚了国家和民族，推动了历史的进步。同时，它也是调整个人与国家、民族关系的重要政治、道德和人生价值准则。从本质角度来看，爱国主义和国家至上精神都源于对国家的深厚情感，但爱国精神既包含感性的层面，也包含理性的层面。而国家至上精神则是一种通过实际行动来体现的高尚情操。在竞技体育领域，从业者在国家至上的精神引领下，面对严峻的国内外社会环境，承担了我国竞技体育发展的历史重任，形成了急于追赶、力求卓越的迫切心态。这种心态促成了对竞技体育事业的极度忠诚、热爱，甚至甘愿为之牺牲自我、奉献一切的崇高价值追求。国家至上精神在当代中国竞技体育精神文化中占据着至高无上的地位，它是"勇于拼搏精神""敢于创新精神""艰苦奋斗精神"和"百折不挠精神"得以孕育生长的坚实基石，总体上对当代中国竞技体育精神文化起到了统领性的核心作用。

国家至上精神是艰难社会环境下我国竞技体育从业者不畏艰难险阻、克服各种不利条件、誓死为国家利益而献身、奋斗的独特精神，它在为国家赢得尊严地位的同时，鼓励了人民投身到社会主义中华人民共和国建设之中，为中华人民共和国在世界站稳地位提供了坚实保障。面对当今中国社会新环境，国家至上精神虽然是特殊历史环境下的特殊产物，但它一直在影响着一代又一代人，激励着一批又一批有志之士为社会主义中国各项事业的不断前行贡献积极力量，它在当今我国竞技体育文化建设当中仍有重大意义，值得我们去思考其价值。

（二）勇于拼搏精神

竞技体育，作为人类挑战自身极限的显著体现，其内在的竞争性不仅塑造了从业者的精神风貌，更是推动其不断超越自我的原动力。在我国，竞技体育从业者所展现的勇于拼搏精神，无疑是对这一挑战精神的深刻诠释与生动实践。这种精神，不仅体现在竞赛训练中的顽强坚持，更在竞赛过程中的全力拼搏，以聪明才智和坚定毅力向极限发起冲击，力求取得优异的成绩。

勇于拼搏精神是一种复杂的心理现象，它融合了坚韧不拔的意志、锐意进取的勇气以及智慧与毅力的完美结合。在竞技体育这一特殊的领域中，这种精神被赋予了更加丰富的内涵和更加深刻的意义。它不仅仅是一种个人品质的体现，更是我国竞技体育事业发展的重要支撑。

在竞技体育的竞技场上，我国从业者所面对的挑战是多重而复杂的。从基础设施的薄弱到科技条件的限制，从竞技水平的不足到国际竞争的激烈，每一个挑战都需要他们以极大的勇气和毅力去克服。然而，正是在这样的挑战中，我国竞技体育从业者展现出了令人瞩目的勇于拼搏精神。他们不畏艰难，不惧挑战，用汗水和努力书写着属于自己的辉煌篇章。

奖牌，作为竞技体育的荣誉象征，其背后蕴含着无数从业者的辛勤付出和无私奉献。每一块奖牌的获得，都是对我国竞技体育从业者勇于拼搏精神的最好证明。他们在训练中的刻苦努力，在比赛中的全力拼搏，以及在面对困难时的坚韧不拔，都凝聚成了这一枚枚闪光的奖牌。

勇于拼搏精神是我国竞技体育事业发展的重要动力之一。它不仅推动了我国竞技体育水平的不断提升，更为我国在国际竞技舞台上赢得了尊重和荣誉。这种精神的存在，不仅为我国竞技体育从业者提供了强大的精神支撑，也为我国竞技体育事业的持续发展注入了强大的动力。

（三）敢于创新精神

创新是指打破常规思维模式，以独特的见解为导向，依托现有知识和物质资源，在特定环境下，为满足理想化需求或社会需要，对现有事物、方法、元素、环境等进行改造或创造新的成果，从而实现某种效益的行为。竞技体育的本质在于不断挑战人类极限，推动人类不断追求新颖与变革。因此，不断创新是竞技体育发展的内在要求。我国的竞技体育是在国家实力相对较弱、竞技体育项目非本土化的背景下逐渐发展起来的，我国的竞技体育从业者肩负着全国人民期望快速赶超的历史使命。这就要求我国的竞技体育从业者必须持续学习，不断创造出符合自身特色的技术特点，只有形成独特的动作技术，才能在竞技场上取得优异的成绩。

此外，在竞技体育的发展模式中，创新精神得到了充分体现，每一次改革都是对原有体制的革新或完善，旨在更好地适应我国竞技体育发展规律和社会发展的需要，展现出前瞻性的变革思维。回顾中华人民共和国竞技体育的发展历程，每一次竞技体育事业的飞跃性发展，都是改革的直接积极成果。我国竞技体育在变革体制、运动队、训练方法、动作技术等一系列举措中艰难起步，稳步发展，最终达到巅峰。每一次变革都是我国人民立足国内外现实，对我国竞技体育发展命运做出的具有远见卓识的创新决策。改革，是我国竞技体育发展的核心驱动力，也是推动我国竞技体育不断取得新进展的关键所在。

（四）艰苦奋斗精神

艰苦奋斗精神，这一历久弥新的理念，与实践紧密相连，它不仅是中华民族的传统美德，更是现代竞技体育精神文化的核心要义。从本质上讲，艰苦奋斗精神是一种实践精神，它要求人们在追求目标和理想的道路上，勇于克服艰难困苦，百折不挠，顽强拼搏，自强不息。在竞技体育这一特殊的领域中，艰苦奋斗精神更是得到了充分地体现和升华。

竞技体育，作为体育领域中最具挑战性和竞争性的部分，其精神文化内涵丰富而深刻。艰苦奋斗精神在竞技体育中的体现尤为突出，它不仅是竞技体育从业者必备的品质，更是推动竞技体育事业不断发展的重要动力。在我国竞技体育发展的历程中，艰苦奋斗精神始终贯穿其中，成为推动我国竞技体育事业不断前进的强大精神力量。

回顾我国竞技体育的发展历史，可以清晰地看到艰苦奋斗精神的深刻烙印。在竞技体育发展之初，我国面临着基础条件极差、目标高远等多重困难。然而，正是凭借着艰苦奋斗的精神，我国竞技体育从业者以极其奋斗的姿态，克服了一个又一个困难，实现了既定目标。他们不畏艰难，不惧困苦，以顽强的毅力和坚定的信念，推动我国竞技体育事业不断向前发展。

艰苦奋斗精神在我国竞技体育中的体现，不仅体现在运动员们的日常训练和比赛中，更体现在他们面对挫折和困难时的态度上。在竞技体育的舞台上，胜利和失败是常有的事。然而，对于我国竞技体育从业者来说，失败并不是终点，而是新的起点。他们会在失败中吸取教训，总结经验，以更加坚定的信念和更加顽强的斗志，迎接新的挑战。这种不屈不挠、勇往直前的精神，正是艰苦奋斗精神在竞技体育中的生动体现。

同时，艰苦奋斗精神在我国竞技体育发展之初就承担着重要的历史使命。那时，我国竞技体育不仅是为了追求体育成绩的提升，更是为了增强国防、提高国际地位。在这一背景下，艰苦奋斗精神更是成为推动竞技体育事业发展的强大动力。我国竞技体育从业者以高度的责任感和使命感，投入到艰苦的训练和比赛中，为我国在国际舞台上赢得了荣誉和尊重。

随着时代的变迁和社会的发展，艰苦奋斗精神在竞技体育中的内涵也在不断丰富和拓展。在现代竞技体育中，艰苦奋斗精神不仅要求运动员们具备顽强的毅力和坚定的信念，还要求他们具备科学的训练方法和先进的技术手段。同时，艰苦奋斗精神也要求运动员们保持谦虚谨慎的态度，不断学习和进步，以适应不断变化的竞技环境。

在我国竞技体育事业不断发展的今天，艰苦奋斗精神依然是需要坚守和传承的宝贵财富。要继续发扬艰苦奋斗精神，推动我国竞技体育事业不断向前发展。同时，也要注重培养新一代的竞技体育人才，让他们在实践中不断锤炼艰苦奋斗精神，为我国竞技体育事业的未来发展注入新的活力和动力。

（五）百折不挠精神

百折不挠展现的是人们在逆境中的坚韧与不屈，它更是一种无可匹敌的力量。在竞技体育这条充满挑战的发展道路上，当代中国的竞技体育从业者经历了无数严峻的挫折与考验。他们深入剖析每一次失败的原因，积极采取应对措施，并确立了正确的发展路线、方针和政策，引领着中国竞技体育事业不断壮大。面对巨大的挫折、打击与磨砺，这些从业者并未被打倒，反而展现出惊人的韧性，这在世界竞技体育的发展史上都是极为罕见的。当代中国竞技体育在起步之初就面临着复杂的国内外环境，其发展过程也充满了各种挑战与挫折。但无论如何，都可以肯定地说，当代中国竞技体育的发展史，就是一部充满百折不挠精神的奋斗史，是一部不断克服困难、勇往直前的壮丽篇章。

二、竞技体育精神文化建设的内容

（一）爱国敬业

竞技体育作为社会主义事业的重要组成部分，在提升国家实力、树立国家形象过程中发挥过重要作用。爱国敬业精神是保障当代中国竞技体育发展的内在动力，爱国保障其发展为社会主义、为人民大众服务的根本方向，敬业保障其各方面发展全面协调发展，二者共同致力于国家利益。

当今爱国主义所具有的支撑与保障功能形成的基础是个体公民把爱国敬业思想根植于脑海、践行于生活中的点点滴滴。在竞技体育领域它的体现应该是对竞技体育事业的专注、追求完美的精神和对本领域生活的整体态度，它应超越对待职业的功利性观念，不仅仅把竞技体育看作一项谋生的手段，而是视为一种有内在价值的事业，对待竞技体育事业要有一种强烈的使命感。它要求每一个竞技体育从业者热爱本职工作,树立科学合理的职业态度、职业荣誉感和自豪感,并以一种强烈的责任感在本职工作上尽职尽责、勤勤恳恳、不畏艰难困苦、勇挑重担,不断学习科学文化知识和技能,科学求实、善于发挥自身主观能动性、创造性,敢于打破常规、突破极限,从而为竞技体育事业发展贡献自己的力量和才智。

竞技体育所具有的国家效应与民族效应,将竞技体育与祖国与民族的利益和荣誉紧紧地联系在了一起。在竞技体育领域,为国争光就是爱国的最具体、最直接的体现。当今世界,竞技体育已经成为一个国家形象的代言,承载着政治交往、经济发展、文化交流等多重任务,国家在竞技体育方面投入了大量人力、物力、财力,竞技体育人从业者理应自觉做好本职工作,坚决抵制各种不良思想,树立为国争光、维护国家形象等牢记国家利益的思想道德观念。

爱国敬业精神作为当代中国竞技体育精神文化的建设内容,是国家至上精神合理完善的结果。在当今社会,以往国家至上的竞技体育精神文化仍然作为宝贵的精神财富在当下得到延伸,爱国敬业是每一个中国公民的基本道德要求。

(二)追求卓越

追求卓越,其内核在于对现状的不满足,以及对更高境界的向往与追求,这与创新精神不谋而合。然而,事物的发展总是伴随着前进与曲折的交织。在追求卓越的道路上,我们难免会遇到各种困难和挑战。面对这些难题,需要勇敢地与之抗争,即使遭遇失败,也不能轻言放弃。我们要从失败中吸取教训,再次振作,继续拼搏。这种不断超越自我、追求更高目标的过程,正是追求卓越的真谛。追求卓越是一种永不停歇的状态。每当我们达到一个新的高度,总会发现前方还有更高的山峰等待我们去攀登。正是这种追求卓越的竞技体育精神文化,激励着竞技体育从业者不断地探索和挑战,挖掘人体潜在的无限可能。这种精神不仅推动着竞技体育的不断发展,也为人类社会的进步提供了强大的精神动力。

追求卓越的理念是对竞技体育精神文化内涵的深刻继承与内在要求的升

华，这种精神文化内涵包括勇于拼搏、敢于创新和百折不挠等特质。在当代中国竞技体育的发展中，追求卓越不仅是一种选择，而是一种必然的发展路径。从生物学的角度看，竞技体育实质上是对人类生理和心理极限的持续挑战，这种挑战通过不断突破既定规则和障碍来实现。竞技体育的本质在于对变化和新颖的不懈追求。

结合中国处于社会主义初级阶段的国情，追求卓越的精神还蕴含着深刻的社会学意义。竞技体育从业者不仅要在竞技层面追求卓越，更要在推动中国竞技体育事业攀登世界顶峰的过程中，展现出不懈的努力和奋斗。这种追求不仅关乎个人成就，更与国家荣誉和体育事业的发展紧密相连，体现了竞技体育在社会主义建设中的重要作用和深远意义。

（三）平等公正

平等公正作为当代中国竞技体育精神文化建设的补充内容，其建设来源于社会主义核心价值观的社会层面追求。自由平等是体育精神的本质内涵，它不仅体现参与体育权利上的平等，而且体现在体育活动过程中参与者按照相同的规程和规则平等竞争、在享受体育成果上的平等。自由平等的体育精神是对体育活动起始、过程和结果三方面整体性的最高指向和终极追求，是任何体育活动形式所必须具备的根本精神。它对打牢当代中国竞技体育精神文化的建设基础提出了内在要求、为建设当代中国竞技体育精神文化提供了体育实践指向、为当代中国竞技体育精神文化的终极考核树立了标杆。

当今的竞技体育，是展现一个国家或民族在政治、经济、文化及科技等方面综合实力的重要窗口。竞技体育的胜负，直接关系到国家和社会团体的荣誉。同时，竞技体育对于一个国家、社会团体乃至广大民众的影响，都是深远且无处不在的。平等，是确保每个人都能平等参与社会主义竞技体育事业建设的基石，它为竞技体育的科学选材提供了根本保障。公正，则是对出现的问题和纠纷，能够不偏不倚地做出正确判罚的准则。将平等公正精神作为当代中国竞技体育精神文化建设的重要补充，对于推动当代中国竞技体育的发展以及社会主义中国的社会进步，都具有极其重要的现实意义。

从体育竞技中的个体层面讲，平等公正也十分重要。裁判工作是竞技体育赛事的重要组成部分，在比赛过程中拥有组织、管理、评判的权利，是比赛顺利进行的重要保障。认真严肃、恪尽职守是裁判基本的工作状态，也是竞技体育精神文化建设的基本要求。裁判员工作的本质就是保障竞技赛事的公平公正、不偏袒一方、整治一方。公正是裁判员忠于职守、秉公执法的唯一途径，它要求公正地对运动员真实技能水平进行客观评定，尤其在主观性评分项目中，坚守公平公正的内在伦理要求进行自由裁量。坚持原则、严格执行比赛规定、秉公执法、不徇私情是裁判员坚守职业道德底线的基本要求。

（四）诚实守信

诚实守信不仅是以儒家思想为核心的中国传统文化"克己复礼为仁""道之以德"内容的内在要求，也是社会主义核心价值观个人层面基本要求。

诚实守信与公正、仁爱、公平等伦理规范相互补充，共同构成了道德行为的基石。这些价值观不仅是古代奥林匹克运动精神的体现，也是当代奥林匹克运动的核心价值所在。在竞技体育日益国际化、商业化、市场化、职业化的今天，诚实守信的原则仍然至关重要。尽管诚实守信主要依赖于个体的自觉性，但它也是实现平等公正精神的基本前提和保障。

将诚实守信作为当代中国竞技体育精神文化建设的重要内容，不仅有助于培养全面发展的个体，对社会主义精神文明建设具有积极意义，同时也是体育产业化发展的内在要求。在竞技体育中，诚信精神是维护比赛规则的最基本要求，也是对同场竞技选手人格的基本尊重。践行"诚信"精神，意味着要干净地参与比赛，确保竞争的公平性和正当性。

当一个国家在国际体育舞台上既有夺取金牌的强大竞争力，又秉持先进的体育理念和公正诚信的体育精神文化时，它才能在国际体育界拥有更强的影响力和话语权，才能对竞技体育的发展作出更大的贡献。因此，诚实守信不仅是一种个人品质，也是国家体育形象和国际地位的重要体现。

（五）文明礼让

"竞技体育精神文化建设作为竞技体育发展的根本规范，它是对竞技体育道德行为的反映和概括，应与社会主义精神文明建设相符合。"[①] 在当今社会，文明礼让不仅是一种基本的社会道德规范，而且在竞技体育精神文化中占据着重要的地位。构建文明礼让的精神文化内涵，是竞技体育发展中不可或缺的一部分。竞技体育的从业者以及现场观众，都应当遵循礼的规定，尽自己所能去践行文明礼让的行为，这样才能在日积月累中磨炼个人的性情，培养出敬业、爱国、尊敬、仁慈以及对事物的正确理解和文雅的言行等优良品质，从而为社会的文明进步贡献积极的力量。

文明礼让的精神应当具体体现在对运动员、对手、裁判和观众的相互尊重上，形成一种和谐的竞技环境。这种相互尊重不仅是对个人尊严的认可，也是对竞技体育公平、公正原则的维护。通过这样的实践，竞技体育不仅能够提供精彩的比赛，还能够传递积极的社会价值观，促进社会的整体文明程度。

第二节 民族传统体育文化的发展

一、民族传统体育文化的价值定位

（一）助力文化弘扬，促进民族团结

随着我国经济、科技和军事实力的快速增强，国民对民族意识的觉醒也日益重视。传承民族传统体育文化对于弘扬传统文化、增进民族团结具有无可替代的价值。从地域分布的角度来看，我国北方草原地区辽阔且气候干燥，这样的自然环境孕育了赛马、射箭、摔跤等充满阳刚之气的体育项目；而南方地区则环境宜人、气候温和，为赛龙舟、踩高跷、跳竹竿等展现优雅韵味的体育项目提供了生长的土壤。整体而言，形成了"北方善骑，南方善舟"的独特地域体育文化特征。从民族特色来看，草原游牧生活的自由奔放塑造了蒙古族人民热情好客、强健彪悍的民族性格，从而孕育出摔跤、赛

[①] 罗军委. 当代中国竞技体育精神文化内涵与建设研究 [D]. 南昌：江西师范大学，2017：59.

马、套马、打布鲁等民族传统体育项目；而壮族人民则以温和友善、朴实敦厚著称，这孕育了抛绣球、打扁担、狮子上金山等具有浓厚民族特色的传统体育项目。

不同民族的传统体育寄托了族民的思维方式、审美情趣、道德观念，承载了对先民和土地的崇敬。中国人崇尚自然、敬畏生命，凸显出一种人文思维，强调人文关怀，重视敬畏生命。新时代传承民族传统体育文化，尤其是如少数民族运动会这样的民族体育、文化盛会，对于世界文化一体化格局的新时代提升文化认同、促进民族团结、弘扬中华文化具有深远的意义。

在全球化背景下，民族传统体育文化的传承与发展，不仅是对民族文化多样性的维护，也是对人类文化宝库的贡献。通过民族传统体育的展示和交流，可以加深各民族之间的了解和尊重，促进民族团结和社会和谐。同时，这些体育活动作为非物质文化遗产的一部分，对于提升国家文化软实力、构建民族认同和增进国际文化交流都具有重要意义。因此，保护和传承民族传统体育文化，不仅是对历史的尊重，也是对未来的投资，对于构建中华民族共同体、推动文化强国建设具有不可估量的价值。

（二）强健国民体魄，促进全民健康

新时代满足人民日益增长的美好生活需要，需同时满足其物质和精神需要。深具中国思维的民族传统体育，被赋予了文化、教育、养生、舞蹈、娱乐等多重要素，民族文化特色浓郁，不仅能促进身体健康，还能提高个人素养，培育健康心理，中国武术蹦蹦跳跃、踢打摔拿技术动作不仅可提升身体素质，且"冬练三九，夏练三伏"的习练宗旨，更促使人们养成坚定的武术健身理念，终获"经常练武术，不用上药铺"的良性循环。舞龙运动是中国极富民族文化色彩的体育项目，逢大节日、大庆典必有舞龙庆祝，其不仅注重上下肢体协调，还强调团队协作完成，在提升身体机能的同时锻造了团队协作意识，塑造了人们健康的心理素质及良好的社交能力。对于地域偏僻环境封闭地域的民族，如藏族的赛牦牛、赛马、大象拔河等活动，更能使族民在劳作之余锻造身体、宣泄情绪、抒发情感。

长期参与民族传统体育锻炼及文化活动，可促进血液循环、调节压力、缓解疾病、减少能量消耗。这些活动不仅有助于提高人们的生活质量，还能增强国民的健康意识，推动健康中国建设。通过参与民族传统体育活动，人们可以在愉悦的氛围中达到锻炼身体的目的，同时加深对民族文化的了解和认同，促进社会和谐稳定。因此，传承和发展民族传统体育文化，对于提升全民健康水平、构建健康社会具有十分重要的意义。

（三）承载教育使命，提升国民素养

民族传统体育文化蕴含着深厚的中华文化精髓，在新时代背景下，它承载着重要的教育职责。传承和弘扬民族传统体育文化，对于提升当代大中小学生群体的道德素养，推动实现"立德树人，铸魂育人"的教育新目标具有积极意义。从项目技理特点来看，武术的站桩要领所体现的"外静内动""身心合一"的理念，正是以心促型、培育人格的教育之道；而侗族、苗族、水族等民族盛行的毽球运动等集体项目，则凸显了团结协作、共同奋斗的思维导向。从规则制度层面来看，民族传统体育文化所蕴含的礼仪内涵，对于培养人们的规矩意识、促进社会和谐具有不可或缺的作用。

民族传统体育文化是课程思政的重要内容贯穿于学校体育教育。如武术课中，武德教育培育了学生谦虚礼让、勤学苦练、尊师重道、爱国报国的精神品质。传承民族传统体育文化，促进民族文化弘扬，最根本的任务要弘扬以爱国主义为核心的民族精神，"爱国主义"即"国魂"，是中华文化深远传承、绵延不衰的核心力量。

（四）激活消费潜力，助推经济建设

在新时代的背景下，我国面临着建成富强民主文明和谐美丽的社会主义现代化强国的迫切任务。民族传统体育文化，作为一种融合了戏剧、音乐、舞蹈等多元文化要素的文化形态，不仅具有浓厚的观赏性和参与价值，更蕴含着巨大的经济潜力。因此，深入挖掘和充分利用民族传统体育文化的经济价值，对于推动我国经济社会的全面发展具有重要意义。

首先，民族传统体育文化在促进相关产业发展方面具有显著的经济效益。这包括民族传统体育器材、服装、书籍、音像制品、纪念品的生产和销售，以及技术动作的培训等，这些产业不仅创造了大量的就业机会，而且直接创造了突出的经济价值。随着人们对健康生活方式的追求和对民族文化认同感的提升，这些产业的市场需求也在不断扩大。

其次，民族传统体育旅游作为拉动产业链条转动的重要力量，对于推动地方经济的发展具有不可忽视的作用。各类民族传统体育项目展演，如达瓦孜、马术、民族式摔跤、斗羊、斗鸡、民族健身操等，以其独特的民族风情吸引了国内外大批游客。这些文化盛会结合了当地的文化特色与优势，不仅丰富了旅游体验，也推动了体育文化产业及旅游产业的发展。

最后，大型赛事的举办对于刺激群众消费具有显著效果。结合传统节庆开展的各种赛事，成为吸引游客的有力举措。通过大型赛事，使众人汇集于此，不仅提升了举办地的知名度，也刺激了当地餐饮、娱乐、交通、住宿、旅游等诸多领域的消费市场。这种消费拉动效应，不仅为当地带来了直接的经济收益，还促进了相关产业链的升级和优化。

二、民族传统体育文化的传承发展

（一）树立正确的民族传统体育价值观

新时代是以体验经济为主导的时代，在这一时代背景下，人们对体验化和情感化的参与方式有着更高的追求。因此，加大媒介的宣传力度，激发人们的主动参与意识，使他们能够积极吸收和体验传统体育的多元价值，显得尤为重要。针对当前民族传统体育价值定位模糊的问题，应当积极引导群众树立正确的民族传统体育价值观。

体育价值观是人们对体育价值的认知与反映，它为我们对体育问题进行价值判断和价值取向提供了基本准则。首先，要树立科学的传统体育健康观。通过微信、电视、微博、短视频、新媒体等多渠道普及传统体育锻炼的健身功效及健身方法，强调太极拳、五禽戏、八段锦等项目的作用，使人们树立正确的传统体育健康观，尽可能规避运动损伤问题，养成健康、良性的传统体育锻炼习惯。其次，要树立正确的传统体育德育观。利用新时代网络媒介、教育传播等途径，大力宣传传统体育的德育元素及育人功效，提升人们对传统体育德育内涵的认知水平。最后，要培养坚固的传统体育文化观。

通过网站建设、政府宣传、公益讲座等途径，加强对传统体育文化功效的宣传与普及，引导国民形成强烈的文化自觉与文化自信，构筑厚重的文化堡垒。这样的文化观不仅能够促进传统体育的传承与发展，还能够增强国民对民族文化的认同和自豪感，为构建和谐社会提供文化支撑。

同时，还要结合不同群体特征及需求，打造群众喜闻乐见的运动项目，有重点、有规划地传承民族传统体育文化价值。一是结合校园文化研定校本课程，做到图文并茂、线上线下结合将爱国、奋斗、诚实、谦逊等育人理念深植太极拳、健身气功、毽球等技术动作与理论内涵，形成完善品质、文化、技能协调发展"三维"核心素养课程体系。二是结合社区文化及公园文化，重点凸显健身功效，依据不同年龄、性别、职业体质、喜好的社会人群，传播不同运动项目，且强调对动作规格、力量、速度、节奏的要求，传播预防疾病、增强体魄的健康理念。三是结合医院文化，增强其与医学的高效结合，加强体医融合，注重发挥五禽戏、八段锦、六字诀等健身气功，以及太极拳等武术拳种的养生功效，辅助现代医学康复实践。

（二）深入打造民族文化特色

深入打造民族传统体育的民族文化特色，持续注入民族传统体育文化传承生机与活力。

第一，宏观上要加强"民族传统体育智库"建设，通过"一地一品""一市一品"工程，基于地域文化搭建如"陈家沟—太极拳""呼伦贝尔—摔跤"等场域扶持市场潜力大的项目，提炼代表性强、民族性浓郁的体育文化内涵，推进民族传统体育规模化、标准化、品牌化建设；微观上整理与民族传统体育相关的人物案例，如经典武术人物及爱国事迹如"岳飞精忠报国"等，以文字、音频、读物、短视频等形式，凝构民族传统体育文化特色基因库。

第二，政府制定有关传统体育特色传承保障机制，形成政府主导、民间参与的传统体育传承新理念与新主线。从而，使民族特色贯穿于民族传统体育大众传播、教育传播网络传播整个体系架构。比如，龙舟活动中请龙祭神各具地方特色，广东龙舟在端午前要从水下起出，祭过在南海神庙中的南海神后，安上龙头龙尾，再准备竞渡；闽、台地区则往妈祖庙祭拜要尊重端午节赛龙舟的传统祭拜仪式，依据不同风俗，设置各具特色的龙舟仪式、规则，使不同民族、不同需求人群都能积极参与进来，提升文化认同。同时，要加强相关法治建设及宣传教育工作，结合严格执法培训，重视"以案说法"，引导传统体育传承人、参与者树立底线意识，加强对民族传统体育文化特色的保护。

第三，民族传统体育文化应深深扎根于民间，从实践中汲取养分，精心耕耘民族传统体育特色小镇的土壤。要充分发挥地域特色优势，精准挑选那些富有民族传统体育文化特色的名镇、名村，进行重点打造。例如，在藏族地区，可以打造以赛马、摔跤、马术、射箭等项目为特色的特色小镇；而在蒙古族地区，则可以围绕蒙古族摔跤、赛马、套马等项目，构建具有独特魅力的特色小镇。在推进特色小镇建设的过程中，要注重在负责人培训、产品开发、赛事举办等环节深入融入民族特色，使特色小镇真正成为展示和传播民族传统体育文化的重要窗口。此外，对于那些特殊区域，如西藏和青海等海拔高、含氧量低、现代体育运动发展相对滞后的地区，更应注重挖掘和利用当地民族的传统体育优势，如藏族人民的骑射技能，实现特色突出、因地制宜的特色小镇开发，为这些地区注入新的活力和发展机遇。

（三）推进民族传统体育产业开发

新时代传承民族传统体育文化，首先要从调整产业布局、推动产业融合、提升资源利用率三方面推进民族传统体育产业开发，盘活文化消费潜力与消费市场。

1. 合理配置、调整产业布局

（1）因地制宜、合理选址，打造民族特色浓郁的民族传统体育产业园、产业区，重点扶持资源雄厚而经济落后的潜力地区的产业开发，促进区域平衡发展及资源高效利用。

（2）突破空间限制，通过物联网、云计算、5G等新兴技术，构建传统体育智慧场馆、智能体育装备，使人们在小空间即可参与毽球、射箭、打棍等运动项目，同时在终端向用户推送精品产品和服务，拓宽大众消费场域。

2. 加强民族传统体育产业与相关当红体育产业的高效融合

民族传统体育企业、组织等应积极利用互联网智能化设备进行生产，与健身产业、竞赛表演产业、民俗文化产业等形成高效联动，共同发挥产业协同效应。可以通过收集各产业的核心技术和特色数据，如健身产业中的健身频次、强度、力量等数字化记录，结合民族传统体育的技术特点，引导人们主动设计并选择适合自己的传统体育锻炼方案。

3. 提升民族传统体育产业的资源利用率

（1）明确优势项目，提炼代表性传统体育文化内涵，重点开发武术、舞龙、舞狮等优势项目，构筑群众喜闻乐见的文化形象。

（2）充分挖掘不同民族的传统体育潜力项目，借助不同项目的服饰音乐、动作、寓意等特色，整合、深塑民俗特色现代科技等元素，打造特色服装、音乐、器材影像等系列产品，通过新媒体展开宣传推广与销售，开拓高端产品市场。

（3）加强产业开发融资，既要呼吁当地政府投入资金，重点扶持位置偏僻但资源雄厚地区的传统体育产业开发，同时传承人又要主动申报关于民族传统体育文化的开发与保护项目。如，可申报农业农村部"一村一品"工程项目，获取政府经费支持，激活产业特色发展创新力量。

（4）通过大数据平台，整理分析用户在传统体育相关平台的访问数据，掌握其性别年龄、爱好等特征，通过大数据分析技术推断其切实需求，从而实现精准推送，提高资源利用率。

（四）以文化保护与创新为理念

新时代要以文化保护与创新为理念，拓宽民族传统体育文化传承时代进路。

第一，借助政府和社会等力量，建立民族传统体育文化传承基地，成立体育项目和文化挖掘、保护、传承小组，研定发展规划。同时加强民族传统体育传承、旅游开发后备人才培养，鼓励族民返乡就业，引进培育文化创作及经营管理复合型人才。

第二，优化教育传承内容体系。依据青少年心理特征与生理特点，开发集健身性、娱乐性、文化性为一体的民族传统体育校本课程、特色教材，深植民族传统体育文化创新育人理念，且对各学段学生群体进行特色选择，如小学阶段选择灵敏性、柔韧性较强的项目如毽球、武术。同时，采用二维码、网站建设等渠道，向学生呈现直观形象的传统体育文化形象，以体育课、课间操、校园文化活动、运动会等形式深入普及并传承。

第三，在规避民族文化同化问题的基础上，加强民族间的体育文化交流，实现体育内容、特色、文化创新。如可从运动项目的动作架构与组成、竞赛形式、展演形式等方面，进行创新设计，增添时代新元素。

第四，利用新时代"大数据"及"自媒体"技术，构建民族传统体育文化数据库及传播场域。如利用 VR 技术，提升传统体育文化产业的研发与升级，开发 APP 软件，为参与者提供详细的内涵、文化、价值介绍；同时，"自媒体"时代短视频盛行，所以可大力支持民族传统体育文化自媒体开发。

第三节　学校体育文化价值与改革发展

一、学校体育文化的德育价值

学校是人们接受各种教育最为直接和有效的载体。德育是学校教育必须承担的重要任务，学校应该在开设传统的德育课程之外采取一切可能的形式加强对学生的德育影响。只有从这一高度去认识学校体育文化对德育的价值，才能真正实现德育的目标，做好学校的德育工作。学校体育文化是开展学校德育工作的重要阵地，这是由学校德育工作内容所决定的。学校德育包含四个主要的层次："一是基本文明习惯和行为规范的教育；二是基本道德品质的教育；三是公民道德或政治道德品质的教育；四是较高层次的道德理想教育，即'信仰道德'（信德）的教育"。[①] 学校体育文化对这四个层次或多或少地都有所涉及，具体来说，学校体育文化的物质层面、制度层面、精

---

① 檀传宝. 学校道德教育原理修订版[M]. 北京：教育科学出版社，2003：101.

神层面都是和学校德育工作紧密相关的。

（一）物质层面的德育价值

学校体育文化的物质层面，包括体育场地、器材和体育用品等，这些"物化"的成果表面上看似乎与德育并无直接联系。然而，深入分析可以发现，对这些物质资源进行合理的开发与利用，可以在无形中实现德育的目标。例如，教育学生们爱护体育场地和运动器材，培养他们良好的借还习惯，实际上是在进行文明习惯和行为规范的教育，这与学校德育的目标是相辅相成的。通过这些日常的行为规范教育，学生能够从小树立正确的价值观和行为准则，这对于他们未来的成长和发展具有重要意义。

此外，运动场周围的宣传图片、体育名人和名言等，也在悄无声息中感染着每一个学生，激发他们树立勇往直前、永不放弃的精神。这种体育文化的氛围，能够在学生心中播下积极向上的种子，引导他们在面对困难和挑战时，保持积极的态度和坚定的信念。这种精神层面的德育价值，是学校体育文化不可或缺的一部分。

（二）制度层面的德育价值

制度层面是学校体育文化的中间层，它起着承上启下的重要作用。制度层也有人称之为行为文化层，是师生的活动本身构成的文化，包括体育教学、健身、运动竞赛、学校的体育传统、制度等方面，其核心是体育教学。可见，学校体育文化的制度层是直接作用于学生的，因而也是最有利于发挥其德育价值的。

在体育教学过程中，学生在学到体育技能的同时，也会有德育方面的收获。一方面，任何一项运动技能的形成都是一个不断去模仿、练习、失败、再练习并最终获得成功的过程。这个过程其实就是学生培养坚强品质、自我超越的过程，也是他们真正体会只有坚持不懈地努力才能获得成功的过程。另一方面，许多体育教学的内容如足球、篮球、排球以及乒乓球、羽毛球中的双打讲究的都是与他人、与集体的协调配合，在练习的过程中学生自然也会懂得要正确处理个人与他人、个人与集体的关系；同时，学生在这个过程中也无意识地增强了社会适应能力，树立了集体主义观念。

(三) 精神层面的德育价值

学校体育文化的这一层面与德育紧密相连，可以说，它直接体现了德育要求在学校体育文化中的具体实践。学校体育文化精神层面的内容，如体育价值观念、思维方式、审美情趣以及道德规范等，都与学校德育的要求高度契合。那些秉持"公平、公正"原则，追求"更高、更快、更强"体育精神的学生，在日常学习、生活、工作中也展现出积极进取、不断向前的态度。学校体育文化中蕴含的拼搏奋斗、不畏艰难、勇往直前、团结协作的精神，能够直接转化为学生积极向上的人生态度。因此，学校体育文化在促进个人全面发展以及推动和谐社会主义精神文明发展方面，具有不可忽视的积极作用。

学生作为我国社会主义的事业的接班人，他们的价值观念、道德意识等都会对未来社会产生重大影响。学生在学校通过参加形式多样的体育文化活动，陶冶了情操，获得高尚的精神享受，受到了学校体育文化的熏陶。这种具有"正能量"性质的学校体育文化对抵制精神污染具有一定的作用。"当学生进入社会，角色发生转化以后，学生时期受到的良好学校体育文化的熏陶使其对快乐的运动体验产生深刻的感受，从而为终身体育打下坚实的基础。"[1] 同时他们健康的生活方式和行为习惯也能反作用于社会，即通过良好体育行为产生积极的社会效应，对体育的社会化和社会精神文明建设起着巨大的促进作用。学校体育文化的精神层面的德育价值正是通过这种形式发生作用的。所以，重视学校体育文化精神教育的过程，也就是发挥其德育价值的过程。

二、学校体育改革的文化逻辑

(一) 以体育价值文化的输入为先导

1. 学校体育改革起到文化资源配置与整合的作用

就学校体育改革的本质和目的来说，又是一个对文化价值进行判断、选

---

[1] 施吉瑞. 体育文化的德育价值研究 [D]. 扬州：扬州大学，2013：14—16.

择以及践行和完善的过程。在这样一个过程中,学校体育改革实践主体原有价值差异所产生的隐性或显性的矛盾,会充斥于改革的各个环节和要素之中,从而影响整个学校体育改革的有序进行。因此,通过思想启蒙达成学校体育改革思想观念的共识,就成为改革顺利实施的关键。在学校体育改革初期,一方面通过行政主体制定各种制度和政策,强制整合具有差异的学校体育改革思想;另一方面通过著作、讲座演说、现实指导等方式实现价值观念的转变。尤其对于学校体育改革来说,本身是一种教育文化和社会体育文化的革新和创新活动,在传统的文化价值面前,新的文化价值总会受到一定的排斥和打压,各个改革主体应理性看待整个学校体育改革,从而主动接受学校体育改革,并将自身的具体工作付诸改革的实践过程。

2. 学校体育改革在文化逻辑层面具有观念更新性

改革在时间的维度上总是遵循一定的顺序,这通常伴随着新观念的涌现。新观念的出现旨在更新旧有的观念,新文化逐渐取代旧文化,新制度逐步取代旧制度。为了实现学校体育改革的最终目标,必须首先破除旧观念的束缚,实现观念和文化的新陈代谢。学校体育观念并非一成不变,而是一个持续动态的认知过程。

旧观念与旧的历史文化、社会制度以及人文习俗紧密相连,具有一定的连续性和稳定性,这使得观念更新面临着挑战。以我国学校体育为例,长期以来受到以竞技体育为主导的社会体育文化的影响,教学目的、课程内容、课余体育活动以及体育比赛等都深刻体现出竞技体育的特点。然而,随着新时期全民健身体育文化的兴起,学校体育的改革逐步推进,新观念逐步树立。尽管以学生健康为核心、以培养终身体育习惯为目标的新观念在短期内仍处于形成阶段,但这一趋势无疑为学校体育新文化的构建指明了方向。

学校体育改革在文化逻辑层面的观念更新,不仅是对旧有观念的挑战,更是对新文化、新制度的积极探索。这一过程需要教育工作者、政策制定者和社会各界的共同努力,通过不断地实践和反思,逐步推动学校体育文化的转型和发展,以适应新时代的教育需求和社会发展。随着时间的推移,这种新的体育观念和文化将逐渐深入人心,为学校体育的持续进步和发展奠定坚实的基础。

(二) 需要与物质和制度文化相匹配

学校体育改革的基础在于思想观念更新，但是思想观念的更新并非一蹴而就，这就要求学校体育改革不能仅仅依靠观念的更新，且需要借助一定的物质文化和制度文化手段来强化。

首先，学校体育改革需要一定的物质文化和制度文化协调配合。物质建设是学校所有建筑物及各种设施，对改革的影响最主要体现在其构成一种生活环境，通过物体形式将广大师生置于其中，并接受潜移默化的影响。学校体育顺利地开展需要一定的物质基础。例如场馆、设备等。而学校体育改革同样也需要相应的物质条件，让师生潜移默化受到新的物质环境影响。目前我国正在实施的新一轮学校体育改革，要进一步明确体育课程首要的目标是要为学生奠定良好的终身体育基础，要教授学生"学会健体"，而非掌握多少种竞技体育的技术动作。因此，在对教师和学生进行思想启蒙的同时，各学校积极修建了一系列能够全天开放的体育锻炼的场所，购置一些娱乐健身器材，使学生置身于这些以健身为主要功能的环境中，极易受到物质环境价值观念的影响。

其次，"学校体育改革需要从物质和制度上对学校体育改革进行外部约束，保证改革能够朝着正确的方向发展。"① 通过构建场所和设施约束指导学校体育改革，给改革新理念、新文化、新模式提供物质基础，促使改革朝着改革所需要的思想观念和行为意识转变。此外，通过制度的建立形成对改革的约束力，新制度主义认为，制度提供的一系列规则由社会认可的非正式约束所构成，即可将其分为国家的正式制度和学校体育改革约定俗成的非正式制度。由国家教育部门出台的正式制度，为改革提供一个正式的行为标准，明确在改革中应该做什么、不应该做什么，强化改革的责任和规范意识。纵观我国历史上所出台的各种学校体育制度，本质上均是国家意志和国家干预力在学校体育改革的具体体现，是一种带有强制性的约束力和规

---

① 李晓栋，吕夏颀. 学校体育改革的文化逻辑 [J]. 体育学刊，2018，(1)：91-92.

范力。

（三）需要以行为文化为根本

就学校体育改革而言，思想观念的更新是必要前提，物质文化和制度文化的建立提供外部环境，但是改革真正的核心以及改革最终的落脚点在于改革行为的生成及践行。

审视我国目前学校体育改革的进程，我们可以看到体育场馆和器材的建设与购置工作正在稳步进行，同时，为了提升学生的体质健康和促进体育锻炼习惯的培养，相关的制度、方法和标准也在陆续制定和出台。这些改革措施在思想观念层面也在逐渐产生影响。改革是循序渐进的过程，学校体育改革成效体现在改革行为上的变更，而这种行为上的变更有强迫变更和自觉变更。强迫变更是迫于政策制度的压力；自觉变更是思想认识的提高。但是无论哪一种变更都需要一个循序渐进的过程。

三、健康中国视域下的学校体育发展

学校体育是国民体育的一个重要组成。整体上看，在健康中国建设中，学校体育应当承担的责任涉及两大方面：一方面，针对各级各类学校全体学生的公共体育，公共体育属于素质教育范畴，直接目的在于增强学生体质；另一方面，针对部分学生的专业教育，即体育专业教育，这一部分学生主要集中在中等和高等师范院校以及独立设置的中等高等体育院校，对他们的培养除了素质教育的一般要求之外，还有体育专业教育的特殊要求——掌握系统而坚实的体育专业知识和技能，毕业后，在不同的职业岗位上，用体育专业知识和技能服务于健康中国建设。

学校教育的根本问题是培养什么人、为谁培养人和怎样培养人的问题。学校教育要注意以下方面：

第一，在坚定理想信念上下功夫，教育引导学生树立共产主义远大理想和中国特色社会主义共同理想，增强学生的中国特色社会主义道路自信、理论自信、制度自信和文化自信，立志肩负起民族复兴的时代重任。

第二，在厚植爱国主义情怀上下功夫，让爱国主义精神在学生心中牢牢

扎根，教育引导学生热爱和拥护共产党，立志听党话、跟党走，立志扎根人民，奉献国家。

第三，在加强品德修养上下功夫，教育引导学生培育和践行社会主义核心价值观，踏踏实实修好思想品德，成为有大爱大德大情怀的人。

第四，在增长知识和见识上下功夫，教育引导学生珍惜学习时光，心无旁骛求知学问、增长见识、丰富学识，沿着求真理悟道理、明事理的方向前进。

第五，在培养奋斗精神上下功夫，教育引导学生树立高远志向，历练敢于担当、不懈奋斗的精神，具有勇于奋斗的精神状态、乐于向上的人生态度，做到刚健有为、自强不息。

第六，在培养综合素质上下功夫，教育引导学生培养能力，培养创新思维要树立健康第一的教育理念，开齐开足体育课，帮助学生在体育锻炼中享受乐趣、增强体质、健全人格、锤炼意志。

第四节 社会体育文化建设与发展策略

一、城市社区体育文化建设

（一）城市社区体育文化的价值

随着现代社会的快速发展，城市社区体育文化日益凸显出其独特的价值。它不仅丰富了居民的文化生活，提高了生活质量，更在促进社区繁荣发展、传承文化传统、增强社区凝聚力等方面发挥着不可替代的作用。

首先，城市社区体育文化对于丰富居民文化生活具有重要意义。在现代都市生活中，人们的生活节奏加快，工作压力增大，对于身心健康的需求也愈发强烈。社区体育作为居民身边的体育场所，提供了便捷的运动机会，满足了居民锻炼身体、增强体质的需求。通过参与社区体育活动，居民可以享受到各种运动项目的乐趣，如健身操、篮球、羽毛球等，这些活动不仅提高了身体素质，预防了疾病，还使居民在运动中感受到了快乐与满足，进一步丰富了他们的文化生活。

其次，城市社区体育文化在提高居民生活质量方面发挥着重要作用。体育活动是居民生活中的重要组成部分，它不仅能够锻炼身体，还能够调节心情、缓解压力。通过参与社区体育活动，居民可以结交新朋友，扩大社交圈子，增进邻里之间的感情。这种互动与交流有助于缓解现代社会中的人际关系疏离问题，促进社区的和谐与稳定。同时，社区体育活动还可以提高居民的文化素质，培养他们的审美情趣和道德观念，进一步提升其生活质量。

此外，城市社区体育文化对于促进社区繁荣发展具有重要意义。一个充满活力、和谐稳定的社区往往拥有丰富多样的体育文化活动。这些活动不仅能够吸引更多的居民参与，还能够吸引周边社区的居民前来交流与互动，进一步推动社区的繁荣发展。同时，社区体育活动还可以为社区创造经济效益，如吸引赞助商、举办体育赛事等，为社区的经济发展注入新的活力。

最后，城市社区体育文化在传承文化传统方面发挥着独特作用。体育活动是人类文化的重要组成部分，它承载着丰富的历史和文化内涵。通过参与社区体育活动，居民可以了解并传承本地区的体育传统和文化特色，进一步弘扬民族精神和地域文化。这种传承不仅有助于保护和发扬优秀的民族传统文化，还能够增强居民的归属感和认同感，促进社区的凝聚力和向心力。

在未来的发展中，我们还应注重创新城市社区体育文化的形式与内容，使其更加符合现代都市生活的需求。例如，可以通过举办各类体育赛事、文化节等活动，吸引更多的居民参与；同时，还可以利用现代科技手段，如互联网、大数据等，推动社区体育文化的数字化、智能化发展。通过这些努力，相信城市社区体育文化将在新时代焕发出更加绚丽的光彩。

(二) 城市社区体育文化建设的对策

1. 创建和谐社区体育文化园

城市社区体育文化建设的根本目标在于培育社会主义四有公民，因此在开展城市社区体育文化建设的时候，最重要的是确立以人为本的大思路。不应当将眼光仅仅局限于满足社区居民的物质需要，更重要的是要把眼光放在满足人的精神体育文化需要，注重提高人的精神体育文化境界和凝聚力之上。

（1）确立尊重社区成员个人自主选择和发展的权利的思想，指导满足社区居民的多方面需求作为开展城市社区体育文化各项活动的出发点和落脚点，真正做到以人为中心，而不是仅仅为了应付各种评比、检查、达标、验收等活动，更不能以牺牲城市社区的体育精神文明建设、以牺牲人的独立人格为代价来换取短期的物质文明发展。

（2）把人的塑造这一根本目标贯穿于城市社区体育文化建设整个过程中。通过形式多样、丰富多彩的群众性体育精神文明创造活动，着重解决人的体育精神支柱和体育精神动力问题，致力于提高城市社区居民的体育思想道德素质和体育科学文化水平，为人的全面而自由的发展创造良好的发展条件。目前和谐社区体育文化园的提出就是围绕社区体育文化教育功能而展开的。它要求广泛宣传终身体育教育的深远意义，帮助提高居民群众终身体育教育理念，使其积极支持，乐于参与，将家庭学校社区三者紧密联系以在全区范围内形成良好的社区体育文化氛围。

（3）在构建社区体育文化时，我们需要紧密结合社区的独特性，制定既实际又可行的体育文化发展规划。同时，应加强对学校、幼儿园、图书馆、报刊、俱乐部等体育文化、学习和娱乐场所的管理，确保它们充分发挥作用。此外，对于正在开发的商业住房、物业和生活小区，我们也应重视其文化功能的规划与管理。为了推动社区体育文化建设的法制化、科学化进程，我们必须确保社区体育文化的管理既有章可循，又有法可依。在强化社区体育文化建设软件环境管理的同时，我们还应提升环境发展综合决策的科学化水平，实现人与环境的和谐统一，达到人与自然的完美融合。

2. 规范城市社区体育文化的组织管理

从基层社区这一层次看，社区体育文化是由民俗、文艺、教育、体育、环境等文化成分共同组成的，是需要社区内所有单位共同参与的大体育文化。一般来说，城市设有市政府、城区、街道办事处三级体育文化管理机构，在基层的社区居民委员会，一般不设专门的体育文化管理机构，只设社区文化活动站。社区体育文化目前主要是依托文化体育局管理机构，也就是说,城市街道居委会或社区服务中心的体育文化活动主要受城市文化体育局管理机构的管理。完善城市社区的体育文化管理体制,培育社区各类体育文化组织,建立一个纵交错的立体型的社区体育文化管理组织系统是推进社区体育文化建设的当务之急。只有成立一个上下贯通的领导、协调、执行和管理机构,才能充分发挥社区各类体育文化组织、机构的管理服务的中心作用,使其成为实施社区体育文化建设的重要组织者,使社区体育文化健康快速地发展。

3. 优化配置城市社区体育文化资源

优化配置社区体育文化资源,建立共建、共享、共用的社区公共体育文化资源管理体制,是推进新时期城市社区体育文化建设的题中之义。

(1) 转变传统的思想观念,摒弃计划经济体制下形成的条块分割模式。在明确城市社区体育文化建设目标的基础上,积极调动各方力量,实现资源共享。这包括充分利用设施、人才、信息等资源优势,构建科学的社区资源整合机制。通过这样的整合,我们可以全面开发社区体育文化的功能,更好地满足社区居民多样化的需求。

(2) 注重开发社区内无形的体育文化资源,如广泛宣传社区内有一定影响力的历史体育人物和先进典型的优秀事迹,利用社区古老民俗体育文化、建筑艺术等,为城市社区体育文化建设服务。

(3) 在推进城市社区体育文化建设过程中,尤其注重加大政府对社区体育文化建设与发展的物质投入力度,充分发挥政府部门的主导作用,保障城市社区体育文化建设的顺利开展,并积极挖掘社会市场的潜力,形成社会、市场、政府与社区居民共同参与、共同促进的协调发展的局面。

4. 构建联动性强的城市社区体育文化网络

社区体育文化不仅是连接各种文化形式的桥梁,更是吸引和组织广大居民参与社区体育精神文明建设的重要平台。每个社区都应基于居民的多样性需求,包括不同层次、兴趣和年龄,进行统一领导和全面规划。这样,可以逐步建立起包括群众体育文化活动网、社区体育文化教育培训网以及社区科普文体活动网在内的体育文化网络。这样的网络结构应以街道为核心,各个文体网络为分支,形成纵横交错、紧密相连的体系,确保每位社区居民都能在其中找到适合自己的位置。通过全面构建这样的城市社区体育文化网络,能够进一步提升城市社区居民的思想道德素质和科学文化水平。

5. 注重对城市社区体育文化多样性的培育

社区体育文化相对于一个社会的主流文化,只是一种亚文化,但这种体育文化恰恰又是这个社会主流文化的基石,它经过高度的整合、抽象之后,往往被浓缩至主流文化之中,成为支撑社会发展的文化基础。在市场经济条件下经济成分和经济利益、社会生活方式、社会组织形式、就业岗位和就业方式日益多样化的今天,充分尊重城市社区体育文化多样性的特点,本着平等、民主的精神,推动不同城市社区文化之间的交流与借鉴,大力培育适应社会主义市场经济要求的、多样化的新型城市社区体育文化,是推进新时期中国城市社区体育文化建设向前发展的有力保证。

6. 建立城市社区体育文化多渠道的投入机制

"建立并完善社区体育文化多渠道投入体制。各级财政要逐步加大对体育文化事业的投入,保证群众体育文化事业发展的专项经费,并划拨一定比例专门用于社区体育文化建设。"[①] 对于政府兴办的群艺馆、体育场馆、图书馆、文化馆、体育文化站,各级政府要给予经费保证,对这些体育文化设施的基建投资和维修经费应逐年有所增加。在体育文化事业经费的分配上,要向体育场馆、图书馆、文化馆、体育文化站适当倾斜,切实保证这些单位顺利实现工作重心的下移。

此外,充分发挥社区亚文化的优势地位和影响,以文养文,增强社区体育文化的自生能力,再生能力和竞争能力。最直接途径即改变体育文化资本的存在形式,以小政府大社会为目标,开创社区体育文化产业。要充分利用非政府机构等渠道,利用市场手段广泛募集社会资金,依靠社会力量办社会事务,使社区结构不断得到优化和完善,从而真正把社区体育文化产业作为社区建设的新的增长点。

[①] 孟令忠,原建军,张平. 社会转型时期中国城市社区体育文化建设初探[J]. 体育与科学,2006,(3):23—24.

二、农村体育文化服务体系建设与发展

（一）农村体育文化服务体系建设措施

1. 提高农村体育文化服务体系建设的意识

由于农村体育文化服务体系建设刚刚兴起，体育文化建设的观念还未深入人心。因此政府应该提高人们对体育文化建设的重要性的认识，利用宣传部门，采取有效的宣传手段，对体育文化建设的意义和社会价值进行广泛的宣传。农民个体也应该积极主动了解农村体育文化服务体系建设的有关政策，向政府建言献策，丰富自己的体育文化生活，为新农村精神文明建设贡献一份力。政府应当摆正态度，高度重视农村体育文化服务建设。农村体育文化体系的建设需要国家从政策上进行大力支持，将体育文化作为一个公共服务指数和评价性指标来规划，注意体育文化建设和其他建设之间的协调性，在立足于全局的基础上调动一切可以调动的力量来进行建设。

2. 完善农村体育文化服务体系建设的制度

（1）加强农村体育文化服务的法规体系建设。农村体育文化服务的建设需要具体的法律法规来保驾护航。从法律层面对该建设进行引导和规范，明确该体系建设的主体，即各级政府；划定各级政府和农村体育文化服务建设的管理部门的责任和义务；明确规定体育文化资源的分配方式和条件，避免分配不均的情况；规定体育文化建设的建设标准、步骤、工作条例、服务形式和反馈追责机制；完善农村体育文化建设相关法律法规中的监督层面，对体育文化建设形成有力的监督；从法律层面，结合社会实际情况，对建设过程中的突出贡献者规定表彰制度，并在一定程度上增加体育文化指导人员的工资待遇，在保障其基本生活需要的同时，提高生活水平。

（2）建立农村体育文化服务的公共财政制度。

第一，建立分级分类财政支付制度。按照农村体育文化服务硬件工程建设费、体育文化服务建设中的工酬费用、体育文化服务费用等三个方面来分类、分级支付。在具体操作中，体育文化服务费用应当由各级政府共同负担；硬件工程中的建设费中，国家负责硬件基础建设，乡镇负责特殊硬件设

施建设，贫困地区进行政策优待，专项专款严格监督；管理人员的工酬由工作人员按照部门类型分别由中央和地方政府来发放。

第二，明确经费保障机制。体育文化服务的经费应基于经济发展状况和地区实际条件进行灵活调整。资金是体育文化服务建设不可或缺的支持，经费保障机制需综合考虑体育文化基础设施和用品的费用，以及各地区体育文化发展所需的特定费用。政府应将体育文化经费纳入财政预算和计划，根据实际情况进行定额定量、适时调整，以支持体育文化建设。同时，要对体育文化经费进行深入分析，实现重点投入、集中使用和合理分配，并明确资金投入方式。此外，还应积极动员社会力量，吸纳社会资金，与公共财政形成有效互补，共同推动体育文化服务建设，加快其发展进程。

第三，根据具体情况制定特殊政策。贫困地区和经济发展水平发达的地区的农村体育文化服务建设所面临的困难和所需经费不同。因此政府应当根据实际情况制定合理的资金转移支付制度和监督机制，建立专项，明确专款专用。在对资金进行安排的时候对贫困地区进行倾斜和侧重；设立专项小组对各个地区的发展状态和建设水平进行评测和监督，在综合考虑的基础上实现地区差异最小化，有针对性地提升资金的使用效益。

（3）开展相应的绩效管理工作。基于当前我国建设社会主义新农村建设过程当中建设农村体育文化服务体系，首要的就是必须建立与强化相应的问责制，以便能够彰显出当前我国的政府部门是负有相应的责任的。各级党政部门必须将农村体育文化服务当成一项硬性的指标，并且还必须确立在各级管理部门目标绩效考核体系当中纳入农村体育文化服务，以便能够将其当成是一项特别关键的考核、任用以及选拔各级干部的指标。与此同时，建设农村体育文化服务体系还应该彰显出相应的监督，各级的监管部门、审计部门、财政部门必须投入更多的精力、人力、物力开展建设社会主义新农村建设进程当中的农村体育文化服务系统，做好赋予其自身职责的有效履行，对于切切实实地落实农民所拥有的建议权、参与权、管理权、知情权等予以监督。

3. 强化文化组织建设

按照现阶段农村地区的农民喜好与人口结构特征，逐步应该建立起来相应的可以真实发挥作用的体育文化组织，逐步构筑起来以协会为纽带、乡镇为支点，村委会为基础、县级政府部门为主导的立体性的体育文化组织服务系统，使得在农村地区比较活跃的足球、篮球等体育特长和爱好者，社区、培训的体育指导员，体育建设骨干等的作用最大限度地发挥出来。

具体来说，摆在首要位置的就是强化建设具备行政管理特征的体育文化组织，并且将这些体育文化组织所拥有的行政管理、双向沟通、发布和收集信息的职责予以有效强化；必须让农村地区的各个体育文化组织直接性地参与到各个老年活动室、晨练点、文体活动站、晚练站、体育指导站点等这些农村体育文化活动组织的服务过程当中，彰显出这些农村体育文化服务体系所拥有的服务特征。

4. 强化基础设施建设

一方面，做好具备相应的公益性特征的体育文化基础设施建设。农村经济发展水平层次较低，多数农民出于填补家用与基本的生计而外出打工。基于这样的背景，让农民或者是集体出钱进行农村体育文化基础设施的修建显得不切实际，必须由政府部门牵头进行农村体育文化场所的修建与体育健身器材的配备。在修建过程当中，必须做好与农村各地区现实状况的有效结合，紧扣当前农村地区的人口结构特征，建立起与各个不同农民群体休闲娱乐、健身相适应的场所，在这里特别要考虑到残疾人、老年人等这些特殊群体。

另一方面，恰当地强化那些非公益性特征的体育文化基础设施建设。尤其是农村地区相对来说有着比较好经济条件的乡镇或者行政村，那么基于建设好公共体育文化基础设施的条件下，还必须将非营利性组织、企事业单位、个人、社会团体的力量发挥出来，进行相应的公共体育文化设施的修建，当然，所修建起来的这些公共体育文化设施绝对不能将盈利当成目的。

5. 确立服务供给责任主体

从本质上来看，建设为农民提供相应健身服务的农村体育文化服务体系的根本性动力就是政府部门高度重视。必须将党政领导与政府相关主管部门作为牵头单位，各个相应的有关的部门相互之间协同工作，让社会提供相应的力量支持，通过村级相关文化体育组织进行承办，村民普遍参与的协同推进机制。根据步骤与节点要求建立起来相应的中央做好引导、省级做好规划、县级做好管理、乡镇做好服务、村级做好建设的立体性的从上至下的农村体育文化服务体系。

从职责上来看，中央与省级这两个层级要做好农村体育文化服务的资金扶持、市场信息、均衡分配、政策引导、制度保障；县乡两级政府部门通过进行农村体育文化事业的整合与利用，肩负起地区体育文化服务供给的任务。在相应的比较具体性的体育文化服务供给的过程当中，量化分解政府相关部门提供的体育文化服务项目，要逐步确立相应的多样形式、面向社会、多元主体的农村体育文化服务形式，摸索出让政府部门做好相应的规划、生产设施相应的引导的道路。可以通过对当前社会上资金力量和技术力量雄厚的一些企业和团体进行公开招投标，也可以通过非政府的途径，委托一些社会组织进行建设所需的供给和生产工作，然后乡镇政府和村委会可以和中标者或者委托机构签订具体的项目协议，使得各个主体的权利、权力以及职责都能够予以明确，逐步确立起来相应的契约管理模式，项目的相关中标者或者是中标代理者服务情况必须借助通过政府相关部门对其实施查看之外，还必须让农民进行签字认可，政府部门按照相应的体育服务绩效将奖惩或者报酬予以兑现。

6. 完善农村体育文化服务的人才队伍建设

（1）农村体育文化建设需要高素质人才的支持，建议政府在每年的规划中建立纳入建设农村体育文化人才这一项目，让政府相关部门录入该农村地区的体育文化精英或者人才，做好相应的认证资格与考核工作；地区相关政府部门还必须建立起相对比较完善的农村基层体育文化服务岗位具体管理体系，确保动态性和合理性，在保证职责的前提下进行有序的人才流动，将管理人员的奖惩措施、考核办法、职责予以明确；将比较现实的现有与引进人才的待遇、职称、编制等问题不留死角地解决，逐步建立起来相对比较完善的社会保障体系，使得农村地区的村民没有后顾之忧。

（2）开展相应的人才培训。政府相关部门应该做好相应的农村体育文化精英培训与交流工作，使得这些农村体育文化精英所拥有的社会影响力覆盖范围更大，高度发挥他们传授、帮助、带领的作用；对当地老百姓中具有体育特长的人制定培训方案，发挥每个人的特长并为村民制定合理的训练提升计划；对体育指导员的素质要求要过硬，加强对体育指导员的文化水平和管理能力的培训，提升指导员综合素质。

（3）积极搭建相应的人才成长平台。必须大力支持刚刚毕业的大学生到农村地区进行体育文化工作；还可以积极组织相关的专家与学者深入基层，做好体育文化相关课题的指导与培训；将村里有一定文化学识的人才组织起来，统一到高校当中进修或者到城市当中进行参观学习，提升他们的管理水平和文化素质。政府相关部门必须主动联系高校体育系，逐步确立村级与学校之间的共同合作的培养人才模式，村里能够将实习基地提供给学校，以便能够让学生可以通过实践而学到比较多的知识，让村民在培养专业知识过程当中做好健身娱乐。

（二）农村体育文化服务体系发展策略

1. 构建城镇、学区、社区和家庭四位一体的农村体育发展新模式

在社会转型的关键时期，在新农村发展目标（全民健身服务目标、个体健康目标，农村和谐发展目标）的指引下，改革传统模式，对与我国新农村发展目标相适应的体育事业发展新模式进行构建十分必要且重要。小城镇、学区、社区和家庭四位一体的农村体育发展模式就是与新农村发展目标相适应的一种可行模式。

目前，社会、社区和学校为农民提供的体育服务尚未实现充分协调。为了推动新农村体育的健康发展，应在指导思想与目标的指引下，积极构建小城镇学区、社区与家庭四位一体的多元化农村体育发展新模式。这一模式的建立，有助于打破各单位在体育服务方面的孤立状态，实现资源的有效整合，从而更好地解决农村体育发展中的问题，满足农民对体育锻炼和体育教育的需求。该模式充分发挥了小城镇学区、社区和家庭各自的优势，将原本

分散设立的体育模式纳入社会网络大系统，形成互补效应，使新模式的功能得到最大程度地发挥。这对于促进农村体育的协调发展具有重大意义。

（1）建立四位一体化农村体育发展的组织网络。该模式不仅能够使农民体育学习时间的连续性得到保障，而且可以延续农民的学习空间，使体育各部门相互沟通协商，保持大目标和大方向的一致性。此外政府、社会、学校、家庭都会尽可能给予支持，满足农民的体育文化需求进一步普及体育文化，提高农民文化生活质量。建立一体化体育组织网络有利于形成体育社会化局面，有助于形成多层次、多渠道、网络化的大体育格局，从而推动农村体育事业的可持续发展。

（2）建立四位一体化农村体育活动内容体系。在多元化农村体育发展模式下，要实现农村体育建设形式的多元化要开发能够体现农村与农民特点的内容。农村体育活动内容要能够满足农民的体育需要，满足农民的兴趣爱好，要与农村生产生活特点密切相关，既要有武术、秧歌等带有乡土气息的内容，又要有健美操、交谊舞等具有现代气息的活动内容。

农民在选择体育活动内容时，会受到所在地的地理位置、气候、经济状况以及生活习惯的影响。因此，各地政府应当深入了解本地实际情况以及人民的兴趣和需求，充分开发和利用当地的自然地理优势来丰富体育项目资源。比如，在经济条件较好的东部地区，可以开展那些对场地设施要求较高且需要专业指导的体育项目，如网球、游泳、旱冰和健美操等。而在经济发展相对落后的地区，则更适合开展那些经济实用、操作简单且易于推广的体育项目，如散步和跑步等。对于西部农村地区，可以抓住西部大开发的机遇，结合当地自然资源和民族体育文化特色，开发出具有地方特色的体育项目。例如，利用当地的地形地貌和气候特点，可以开展如登山、攀岩、滑雪、探险和极限运动等特色项目，以满足人们追求健康与刺激的体育需求。

（3）建立四位一体化农村体育保障体系。为保障四位一体化农村体育发展模式的可持续健康发展，以多元化体育发展的目的为依据，立足于学校体育、小城镇体育、家庭体育、社区体育发展的现状，将以资源和制度保障为条件作为发展思路，可将包括体育服务经费系统、体育设施保障系统、体育服务保障系统、体育人才保障系统及体育制度保障系统等在内的保障体系确定为多元农村体育发展模式体育保障体系。

2. 抓住体育强国战略契机，发展农村体育公共事业

对我国农村体育的发展来说，国家提出的体育强国战略是难得的历史机遇，在这一战略背景下。国家投入大量的财力、物力和人力资源来发展体育事业，所以必须牢牢抓住这个机会和有利条件，加快对农村公共体育服务体系的构建，使城乡体育发展的差距尽可能缩小，促进城乡体育的统筹平衡发展，使城乡公共体育服务一体化的目标尽快实现。

政府部门应贯彻"以人为本"的原则，在这一理念的指导下，制定城乡体育统筹发展的政策和规划。无论制定何种政策或规划，都应致力于保障农民的实际利益，这不仅是农村体育工作的起点，也是其最终的目标。在实施相关政策和规划的过程中，应根据实际情况进行灵活调整，并不断完善现有的政策体系和规划，以确保农村体育发展机制与科学发展观以及中国特色社会主义核心价值观保持高度一致。

在农村体育公共事业的发展中，要科学构建公共体育服务体系，并尽可能体现出体系的多元化，在多元化体系中体现出对农民体质健康的重视和对农民文化素质及幸福生活的关注，因为这些都是评价农村体育事业发展水平的重要指标，争取通过发展农村体育不仅使农民健康水平得到提高，也使其文化素质得到提升，使其生活幸福指数得到提升。

3. 提高农民的文化素质，强化其健身意识

农村人口是推动农村体育事业发展的主要力量，他们的文化素质对农村体育事业的发展高度具有决定性影响。为了提升农民的体育健身意识和技能，地方体育部门应立足农村经济实际，开展体育工作，面向广大农民普及科学健身的知识。普及方式包括召开专题讲座、发放科学健身指南、张贴有关健身的宣传海报、发挥电视等现代媒介的宣传优势等。

在采用多元方式宣传科学健身知识的过程中，需要将"生活奔小康，身体要健康"的理念体现在实践中，使广大农民真正树立科学的健身观和健康观。通过普及体育健身常识，让农民熟练掌握基本的体育锻炼方法，从而提

升他们的体育健身意识和技能。这对于现代新型农民的培育也有促进意义。

通过上述措施，可以有效提高农民的文化素质，强化其健身意识。这将有助于推动农村体育事业的发展，提升农民的生活质量，实现农村社会的全面进步。同时，这也符合我国推进乡村振兴战略的总体要求，为实现农村现代化建设目标奠定坚实基础。

4. 提高全体农民的体质健康水平

在建设社会主义和谐社会及体育强国的征程中，农民群体的体质健康问题占据着举足轻重的地位。提升农民的体质健康水平，不仅对于推动和谐社会的构建至关重要，更是实现体育强国目标的关键一环。因此，我国在农村体育工作的开展过程中，必须深入了解不同农民群体的实际状况，针对性地解决他们面临的问题，确保每位农民都能享受到参与体育锻炼的权利，从而全面保障农民群体的体质健康。

具体来说，我们可以从以下方面解决农村人口的体育锻炼问题：

（1）面对当前大量青壮年从农村流失而造成的普遍性的空巢现象，首要应对措施是对新的农村体育主体（如妇女、少年儿童、老人以及留守在农村的少量的青壮年）进行培养。这是开展农村体育工作的重要环节，旨在构建一个多元化的体育参与群体，确保农村体育活动的持续性和广泛性。

（2）对于那些走出农村、进入城市打工的青壮年，他们的体育锻炼问题同样重要。应根据这一群体的生活习惯、作息时间和兴趣爱好，开展形式多样的体育活动，如体育赛事、体育表演、体育娱乐节目等。通过这些活动，农民工在参与和欣赏的过程中可以强身健体、愉悦身心，消除他们出门在外的孤独感和漂泊感，强化对农村的归属感，鼓励他们在有所成就后回到家乡，为家乡经济贡献力量。

（3）对于农村留守儿童的体育锻炼问题，需要给予特别关注。在人口流动频繁的今天，留守儿童已成为社会关注的现象。正确处理这一现象带来的问题，对于国家下一代的成长与成才至关重要。解决留守儿童的问题，就是解决他们的健康问题。因此，社会与学校应共同努力，为留守儿童参加体育锻炼提供良好的条件与机会。在农村体育工作规划中，应将留守儿童的健康问题置于重要位置，通过举办丰富多彩的体育活动来提高儿童的身心健康水平，消除孤独感，弥补儿童较少享受到的亲情依附和亲子教育。此外，这也有助于提高留守儿童的表现力、自信心，改善普遍存在的自闭、孤僻、冷漠等性格问题，促进农村下一代的健康成长。

5. 因地制宜开展农村体育活动

开展农村体育工作，促进农村体育的发展，农民的需求是首要考虑因素。我国地域辽阔，在地理环境的影响下各地体育文化的区域性特征十分突出，所以必须在"以农为本"的理念下和科学发展观的指导下，在区域的土壤中（农村）扎根来发展农村体育，体现区域特色和农村特点，使农村体育真正亲近农民，给农民带来便利和福利。开展农村体育活动要坚持因地制宜原则，要将农村地区的特色和文化气息彰显出来，具体要从以下方面开展工作：

（1）对农村的民族体育文化进行深入挖掘、科学开发、归纳整理以及全面推广，如风筝、陀螺、秋千、摔跤等民族特征鲜明的项目和龙狮、龙舟、秧歌等地方特色突出的项目。

（2）走"引进来"之路，传播现代时尚多元的体育文化，使其慢慢在农民的日常生活中渗透，吸引与鼓励农民参与瑜伽、街舞、游泳等现代时尚流行的体育运动。

（3）以钓鱼、搬沙包、抛掷秧苗、插秧等这类与农民生活密切相关的接地气的活动为主题而开展娱乐性体育赛事，使农民在劳作中感受体育活动的乐趣，劳逸结合。

6. 将农家乐文化与体育旅游进行结合

农家乐休闲体育是农村地区依托农家乐，开展的一种兼具休闲、娱乐与体育功能的活动形式。农家乐旅游中休闲体育项目的开发，对于推动农家乐旅游的可持续发展具有重要意义，能够有效促进农村产业结构的调整，助力农村经济的发展。因此，农村休闲体育的发展不仅是体育领域自身发展的需要，更是推动农村体育文化发展的重要举措，具有迫切的现实意义。

（1）合理配置资源。"在农家旅游带周围对功能齐全的配套性体育活动场所进行建设，体育活动场所应突出现代化特点，同时还要展现出农家民风民俗，展现农村淳朴自然的一面，从而满足游客对体育服务的多种需求。"①这种模式的主体依然是农家乐旅游，休闲体育是一个重要的补充性服务内容，可以使农家乐旅游更加丰富一些。这种模式追求时尚、新潮、刺激的活动内容，旨在将游客参与的积极性与热情成功调动起来。

（2）根据游客的要求优化产品开发水平，创建旅游品牌。现代社会人们的需求越来越多元化，为满足不同人群的不同需求，农家乐旅游在开发休闲体育项目时可根据自身的地理位置、环境等实际情况，尝试性开展多种旅游项目。同时还可针对不同季节推出一些娱乐性独特性的特色项目，力争塑造精品，形成特色，逐步培养起影响广泛的品牌旅游。

（3）依托民族传统节日开发休闲体育活动。传统节日是我国灿烂文化的长期积淀，反映了我国的传统习俗和道德观念，是中华民族优秀文化的精髓。而形式多样的民族传统节日在人们的生活中发挥着重要作用，也是人们日常生活方式的重要组成部分。随着我国城市化发展进程的加快，人们的生活节奏加快，很多人都将传统节日淡忘了。

由于农村相对封闭，受市场经济和外来文化的冲击较小，因此传统节日在这里得以较为完整地保留。城市居民在农家乐旅游时，也期望通过这一方式让下一代了解和铭记中国传统文化。因此，在开发农家乐旅游时，应充分利用各种传统节日和乡土风俗，开展丰富多彩的民俗活动旅游，让游客能够亲身参与其中，深入体验这些活动的魅力。

促进休闲体育与农家乐旅游的结合，走文化旅游、健康旅游、多彩旅游之路。将一些科学的、有益的休闲体育运动项目融入农家乐旅游当中，使二者有机结合起来，促进农村体育的长足发展。

---

① 张佃波. 体育强国战略下我国体育文化的重塑与发展研究［M］. 长春：吉林出版集团股份有限公司，2022：137.

第四章　东盟民族体育文化的内容与特征分析

第一节　东盟民族体育文化的内容体系

一、东盟民族体育文化内容的整理及分类

民族体育文化的内容，由各种项目组成。在东盟 10 国，众多民族体育文化项目的界限不好区分，主要原因包括：①不同国家的同一项目，其方法和特征功能等存在或多或少的区别，如各国的泼水、陀螺、祭祀舞蹈等；②一些民族体育项目下面可以细分为多个小项，不便一一细化表述，因其属于"类"的范畴，所以用"类"表述更为准确，如各种舞蹈、体育游戏等。因此，综合民族体育文化项目类别多而复杂的情况，这里对民族体育文化内容的表述，用"项（类）"表示。

（一）节会类

第一，越南。越南的节会类项目主要包括京族哈节（天灯舞、花棍舞、跳竹杠、踩高跷、斗牛、比武、角力竞赛、拉大网、捉海鸭、潜水摸鸭蛋等）、摔跤节、环碟节（体育游戏）、斗牛节、标牛节、头顿赛狗会、七山赛牛节、庙会（武术、斗动物、爬柱子、角力、游艺活动等）。

第二，泰国。泰国的节会类项目主要包括宋干节（泼水、游戏等）、大象节（大象跑步、滚木、跳舞、驯捕野象、跑象拾物、大象跨人表演、大象足球、人象拔河）、水牛节（赛跑、斗牛等）、竹炮节（竹炮比赛）、风筝节、

水灯节（水灯赛、舞蹈）。

第三，老挝。老挝的节会类项目主要包括宋干节（泼水、游戏、舞蹈等）、升高节（放高升、舞蹈）、佛历新年（武术、游戏、斗鸡等）、送水节（赛龙舟）、瓦普节（斗鸡、斗牛、赛马、赛象）、焰火节（斗牛、放高升）。

第四，缅甸。缅甸的节会类项目主要包括泼水节（泼水、传统游戏、赛马、赶牛车、蛙赛跑、传统舞蹈、端水跑等）、目瑙节（目瑙纵歌万人舞、剽牛、祭祀巡游）、赛马会（马术、骑象、斗象、射箭、投枪、刀术、射击、武术比赛）、点灯节（大象舞）、赛船节。

第五，柬埔寨。柬埔寨的节会类项目主要包括宋干节（泼水嬉戏、传统游戏、传统舞蹈）、高棉新年（牛车赛跑、武术、舞蹈）、送水节（龙舟赛）、风筝节。

第六，马来西亚。马来西亚的节会类项目主要包括丰收节（斗牛、赛牛、骑牛赛、放风筝、陀螺、舞蹈等）、风筝节（斗风筝、放风筝、击鼓、陀螺、舞蹈）、哈吉节（巡游、祭祀舞蹈）、宰牲节（武术、祭祀舞蹈、刺牛）。

第七，印度尼西亚。印度尼西亚的节会类项目主要包括赛牛会（驾两头牛并排赛跑、斗牛）、风筝节（风筝、陀螺）、宰牲节（刺牛、武术、舞蹈）、开斋节（祭祀舞、庆祝巡游）、卫塞节（祭祀舞）。

第八，菲律宾。菲律宾的节会类项目主要包括水牛节（斗牛、赛跑、巡游、水牛按口令表演）、新年（武术、巡游、游戏）、丰收节（放风筝、斗风筝、陀螺、舞蹈）。

第九，新加坡。新加坡的节会类项目主要包括中国春节（马来武术、巡游、传统游艺）、宰牲节、开斋节、屠妖节等节日（祭祀舞蹈、刺牛、巡游等）。

第十，文莱。文莱的节会类项目主要包括开斋节（祭祀舞蹈、巡游等）、苏丹华诞（庆祝舞蹈、巡游）。

（二）竞赛类

第一，越南。越南的竞赛类项目主要包括藤球、越武道、泰拳、拳击、毽球、赛牛、赛龙舟、摔跤、赛象、赛马、赛狗、斗动物（斗牛、斗鸡、斗鱼、斗虫）、人棋（象棋）、放高升。

第二，泰国。泰国的竞赛类项目主要包括泰拳、藤球、赛马、赛象、龙舟、摔跤、抢花炮、斗动物（斗牛、斗鸡、斗虫、斗鱼）、放高升赛。

第三，老挝。老挝的竞赛类项目主要包括藤球、泰拳、大象比赛（骑象、赛跑）、斗牛、龙舟赛、射弩、打陀螺、击鼓赛、赛高升。

第四，缅甸。缅甸的竞赛类项目主要包括缅甸武术、划船（龙舟）、斗动物（斗牛、斗鸡）、卡巴迪、传统赛马、放高升。

第五，柬埔寨。柬埔寨的竞赛类项目主要包括赛龙舟、泰拳、柬埔寨拳、传统搏击、拔河、风筝赛、斗动物（象、牛、鸡、鱼）。

第六，马来西亚。马来西亚的竞赛类项目主要包括龙舟、大鼓（单面鼓）、陀螺、WAU（超大型风筝放飞、斗风筝）、钩球、摔跤、射弩、卡巴迪等。

第七，印度尼西亚。印度尼西亚的竞赛类项目主要包括印尼武术、龙舟、独木舟、陀螺赛、动物斗（斗鸡、斗牛、斗羊）、赛牛、射箭、拳击、卡巴迪。

第八，菲律宾。菲律宾的竞赛类项目主要包括菲律宾拳术、悉拉特短棍术、龙舟、斗牛、斗狗、牛车比赛、板球。

第九，新加坡。新加坡的竞赛类项目主要包括龙舟、马来武术、板球、风筝、打陀螺赛、卡巴迪、拔河。

第十，文莱。文莱的竞赛类项目主要包括藤球、马来武术、拳击、斗鸡、马球赛、陀螺赛。

（三）舞蹈类

第一，越南。越南的舞蹈类项目主要包括宫廷舞、祭祀舞蹈（祭拜舞、跳哈舞）、传统舞蹈（竹竿舞、斗笠舞、灯舞、孔雀舞）等。

第二，泰国。泰国的舞蹈类项目主要包括宫廷舞蹈（铜鼓舞、南旺舞）、民间舞蹈（竹竿舞、达兰舞、特腾舞、笙舞）、祭祀舞蹈等。

第三，老挝。老挝的舞蹈类项目主要包括古典舞（宫廷舞）、民间舞

（南旺舞、月光舞、坦约舞、击竹舞、芦笙舞）。

第四，缅甸。缅甸的舞蹈类项目主要包括民间舞（大鼓舞、象脚鼓舞、背鼓舞、钹舞、神舞、多那耶神兽舞）、戏剧舞（傀儡舞、隐士舞、拜神舞、拔罗舞、暹罗舞、仙人舞等）。

第五，柬埔寨。柬埔寨的舞蹈类项目主要包括王家舞（古典舞、芭蕾舞）、阿卜娑罗舞、湿婆之舞、民间舞（德洛舞、牛角舞、竹竿舞、恰亚舞、南旺舞等）。

第六，马来西亚。马来西亚的舞蹈类项目主要包括苏马绍舞、少女寻戒指舞、敬拜印度神舞、锡克人丰收舞、杜顺民族舞、肯雅部族礼宾舞、纳吉舞、蝶舞、烛舞、西拉舞。

第七，印度尼西亚。印度尼西亚的舞蹈类项目主要包括狮舞、佐克舞、巴龙舞、巴厘舞、爪哇舞、浪迎舞、马来舞、加里曼丹舞、米南加保舞等。

第八，菲律宾。菲律宾的舞蹈类项目主要包括竹竿舞、乡村舞蹈、北部山区舞蹈、南部穆斯林舞蹈。

第九，新加坡。新加坡的舞蹈类项目主要包括马来舞、中国舞、印度舞、傀儡舞等。

第十，文莱。文莱的舞蹈类项目主要包括莎玛林当舞、安丁舞、阿都—阿都舞、吉宾舞、阿代—阿代舞、波纳里舞、色卡普舞等。

（四）养生类

第一，越南。越南的养生类项目主要包括健身气功、民族健身操、垂钓、风筝、秋千等。

第二，泰国。泰国的养生类项目主要包括健身气功、垂钓、剑术、民族健身操、风筝、秋千等。

第三，老挝。老挝的养生类项目主要包括健身气功、垂钓、民族健身操、风筝、秋千等。

第四，缅甸。缅甸的养生类项目主要包括健身气功、垂钓、民族健美操、风筝、秋千等。

第五，柬埔寨。柬埔寨的养生类项目主要包括风筝、陀螺、健身气功、垂钓、民族健美操。

第六，马来西亚。马来西亚的养生类项目主要包括钓鱼、风筝、民族健身操、秋千等。

第七，印度尼西亚。印度尼西亚的养生类项目主要包括垂钓、风筝、健身武术、印尼健身功法（外丹功、内丹功）。

第八，菲律宾。菲律宾的养生类项目主要包括民族健身操、健身武术、风筝、陀螺、垂钓、秋千。

第九，新加坡。新加坡的养生类项目主要包括健身气功、垂钓、陀螺、风筝。

第十，文莱。文莱的养生类项目主要包括风筝、垂钓、健身武术。

（五）生活休闲类

第一，越南。越南的生活休闲类项目主要包括抛绣球、打陀螺、芦笙舞、跳竹铃、刺牛（锣钲、击鼓、刺牛舞）、龙舟赛、迎龙舞、舞龙狮、推棍子、捉迷藏、抓人游戏、猜手中物、爬柱子等。

第二，泰国。泰国的生活休闲类项目主要包括放水灯、放高升、大象活动、舞龙舞狮、跳芦笙、椅子球、踢花毽、打陀螺、猜子弹、唱歌传拳、抓人、单脚跳、松鼠找窝、乌鸦生蛋、猜猜子弹（双手拿）、跳胶条（配口诀）、偷（小偷）女儿、双脚鸡爪跳、骑马投球、骑马运送（人）、蛇吃尾、唱歌收手指、拔河、弹玻璃球、叫长音抓人游戏、猜颜色游戏、蒙眼找人、掉手帕、穿山洞、捉石子（5个石子）、推小车犁田（人）、赛牛车（人）、鸡鸣游戏（猜人）虎跳闸、卖花游戏等。

第三，老挝。老挝的生活休闲类项目主要包括大象活动、吹捧、杂技、椅子球、抛球夺人、蛇吃尾、藏匿、打玛芭、跳田地、拽皮绳、跑高跷、跑椰果、夺龟蛋、打陀螺、放风筝、打弹弓、弹珠球、踢藤球。

第四，缅甸。缅甸的生活休闲类项目主要包括缅甸桥、划船、投掷游戏、抓小孩、蛙式赛跑；游戏：猜石子、跳房子、丢棍子、顶膝、背人过河等。

第五，柬埔寨。柬埔寨的生活休闲类项目主要包括摔跤、狮子拳、搏格道、武术、风筝（房费、打斗）、抛布球、藏手巾、丢安棍、换年龄、划旱船、推棍子、藏匿、跳格子等。

第六，马来西亚。马来西亚的生活休闲类项目主要包括陀螺、舞斗牛狮游戏、踢花毽、高跷走、跳棋、象步走、流星锤、巨型阻塞、抛石子、收集炮弹游戏、大坝哈吉、跳花筋、击高花等。

第七，印度尼西亚。印度尼西亚的生活休闲类项目主要包括陀螺、印尼舞狮—巴龙舞、本扎（印尼拳）、鞭击比赛、檀叶格斗、捞鱼（万隆苏墨郎）、踢花毽、收集炮弹游戏、石子棋、掷石子、穿山洞等。

第八，菲律宾。菲律宾的生活休闲类项目主要包括陀螺、魔杖、卡力斯·伊拉斯追斯莫打斗、卡力武术、踢花毽、收集炮弹游戏、推手等。

第九，新加坡。新加坡的生活休闲类项目主要包括舞龙舞狮、独木舟、滑水、剑道、踢花毽、流星锤、收集炮弹游戏、抛石子游戏等。

第十，文莱。文莱的生活休闲类项目主要包括传统武术、登山以及各种民间游戏如拔河、捉迷藏等。

二、东盟共有的主要民族体育文化内容

（一）藤球

藤球作为东盟地区一种具有深厚历史底蕴的民族体育项目，其发展与传承在东南亚文化中具有举足轻重的地位。这一源自骠国时代的古老运动，以藤条为材料编织成球，不仅体现了当地人民的智慧与创造力，更成为连接东盟各国文化的重要纽带。

缅甸将藤球尊为国球，凸显了其在东南亚体育文化中的卓越地位。藤球运动不仅仅是一项体育活动，它更是一种文化的传承，一种精神的体现。藤球运动起源于15世纪的马六甲地区，由马来西亚的运动发展而来。这种轻松愉快的体育活动迅速在东南亚国家传播开来，缅甸、马来西亚、泰国、越南、新加坡等国都积极开展了藤球运动。其传播之广，影响之深，足见其在东南亚地区的受欢迎程度。

随着时代的变迁，藤球运动也在不断发展与创新。现代藤球的产生以网

的使用为标志，这一创新使得藤球运动更具竞技性，也更具观赏性。马来西亚人受到羽毛球运动场地的启发，将藤球运动创新为隔网对抗的网式藤球运动，这一变革为藤球运动注入了新的活力。

在中国，藤球运动自1987年起得到了广泛地推广与发展。北京、上海、武汉、广西等地都成为藤球运动的重要阵地。这一外来体育项目在中国的落地生根，不仅丰富了中国的体育文化，也促进了中国与东盟国家之间的文化交流与合作。

在推广藤球运动时，人们不应仅仅局限于网式藤球这一亚运会比赛项目。东南亚各国丰富多彩的民间藤球活动形式，如圈式藤球、入篮式藤球、花式藤球以及表演（技巧）式藤球等，同样值得我们去关注与推广。这些民间藤球形式不仅具有休闲娱乐的功能，而且易于参与，深受普通民众的喜爱。推广这些民间藤球运动形式，将有助于丰富全民健身运动的项目内容，进一步推动全民健身事业的全面发展。

藤球作为东盟地区最具代表性的民族体育项目之一，其历史、发展与传承都体现了东南亚文化的独特魅力。人们应该更加深入地研究和推广藤球运动，让这一古老而充满活力的体育项目在全球范围内得到更广泛的认知和喜爱。

（二）龙舟赛

东盟处于泼水文化圈的越、老、泰、缅、柬等国，江河密布，与海相连，水资源丰富，水在当地具有十分重要的地位。但水是自然之物，不受人的意志控制，只能通过祈求神灵来达到目的。于是，能够自由潜水，相比人类具有更强力量的巨大蟒蛇被人们寄予希望，将其视为蛇王加以膜拜以期得到它的保护，并因此产生了早期的蟒蛇图腾崇拜，如今老挝偏远山区的人们仍然保留着图腾崇拜的行为。由此而生的水及与水神相关的崇拜，后来演变为对婆罗门教、印度教和佛教中的"那伽"的崇拜。

那伽被视为至高无上的水神。在东南亚那些与水息息相关的文化圈中，几乎所有以敬水、祭水为主题的节日，其实背后都与那伽的祭祀紧密相连。因此，无论是国王还是普通民众，都深深地敬仰着这位水神。每年11月左右，东南亚各国人们都要隆重地庆祝自己的节日出夏节。在出夏节期间，东盟的柬埔寨、泰国、老挝、缅甸等各国，都举行隆重的庆祝仪式，如放水灯、民族游艺活动等，其中以赛龙舟为最典型的活动。在泰国和缅甸，举办赛龙舟活动也是为了祈求那伽送河水回归大海，以便庄稼的收割。东南亚的那伽信仰影响广泛，具有普遍性。东盟龙舟也大力向竞技方向发展，且有多地举办世界及亚洲龙舟大赛，其中马来西亚和印尼进入了世界龙舟强队的行列。不管是民间民俗形式还是高水平竞技方式，龙舟赛受东盟国家的欢迎已是事实。

（三）动物斗赛

东盟地区的自然地理气候形成了一系列以农耕文明为主题的动物斗赛活动，主要包括斗牛、赛牛、斗鸡、斗鱼，甚至斗虫等，在该地区普遍开展。这些动物斗赛活动往往伴随着赌博。尤其在泰国，动物斗赛活动已经达到了"逢斗必赌"的程度。这些活动反映了东盟地区的博彩投机文化、民俗风情等特征。

斗鸡活动在中国已有悠久的历史，早在公元前100年的西周时期就有记载，盛行于唐代。越南的斗鸡活动也源远流长，并与中国的斗鸡文化有着共同的地域特征，尤其是与中国西南部的傣族地区的斗鸡活动具有一定联系。然而，泰国、老挝、柬埔寨、缅甸等东盟国家的斗鸡活动存在一定的地域差异性。

泰国是斗鸡活动最为盛行的地区之一，其斗鸡活动常常作为传统娱乐活动在民间流传。马来西亚、印尼、菲律宾等马来地区也有斗鸡活动的传统，而东盟各国的斗鸡活动已经不再限于农历年前后的季节，而是全年都在进行。这些活动反映了当地文化的特色，并且在一定程度上已经发展成为一项产业。

斗牛活动在东盟各国普遍得到开展，以牛与牛之间相互搏斗为基本方式，各地也有一定的差异，主要原因如下：

第一，有些地方举办与斗牛相接近的赛牛活动，如印尼的马都拉人赛牛，用双牛并行在水田里飞驰，泥浆四起，颇为壮观。

第二，各地包含的信仰文化内涵有所区别，如在越南京族哈节中，通过斗牛娱神是祭祀海神的活动之一；在老挝的斗牛仪式中，通过放置"新水"和"旧水"占卜新年的运程；缅甸克坎族目瑙纵歌节中举行剽牛仪式等。

第三，有些地方举办水牛节，在水牛节中开展游行、祭拜仪式、刺牛等活动，如泰国东北部的黎逸府等地的偏远农村，流传着舞牛表演；菲律宾的奎松省和黎刹省等地举办的水牛节，有牛随主人的口令做前腿屈膝等动作的表演。东盟各国通过水牛开展各种民族体育活动，充分体现东盟不同区域的农耕社会形态，也是有别于中国斗牛的主要特征。

（四）舞蹈类活动

舞蹈作为人类生产生活中的一种活动形式，在东盟地区，其体育项目特征尤为显著。总体上，东盟的舞蹈可以分为生产生活舞、庆祝舞、宫廷舞、民间舞、祭祀舞等多种类型，这些舞蹈已经逐渐发展成了一种独特的体育形式。由于东盟地区以森林孤岛为主，常年面临外族和野兽的侵袭，尚武风气盛行，因此东盟的舞蹈也呈现出显著的"武舞"特征。有些古老的舞蹈甚至具有武术的攻击功能，而一些武术在某些场合下也可以被视为舞蹈的展现。在印度尼西亚，士兵们会操练一种名为"巴里斯"的操练舞蹈，这是一种专门用于军队训练的舞蹈。在跳战争舞（武舞）时，印尼士兵们头上会佩戴装饰华丽的羽冠，羽冠武士之间还夹列着铜鼓，为舞蹈增添了威武的气势。

在泰国南部，有一种手持匕首跳舞的匕首舞，这也是一种融合了武术元素的舞蹈形式。此外，泰国的剑术、菲律宾及印尼等地的短棍术等，都蕴含着舞蹈的韵律和美感。在原始马来人中，伊班族、马兰诺族、比达友族等民族都有自己独特的舞蹈形式，如战士舞、朗亦舞蹈、硕我舞、捕虾舞、羽毛舞等。这些舞蹈通常由壮士、军人和少女共同表演，充满了粗犷和武功的气息。东盟的舞蹈开展得极为普遍，影响也十分广泛。

在当今不断演进的实践中，各类舞蹈呈现出交叉和流动的趋势，其开展形式也由过去的宫廷、庙会、乡间集会、生产生活、专门节庆等逐渐转变为现今社会的舞台表演、节庆庆典、健身娱乐和宗教仪式等。过去乡间集会和田间生产活动中的舞蹈形式已不再普遍存在。东盟地区的舞蹈随着社会的发展而经历了流变,主要表现在对传统舞蹈的挖掘和专业编排上。现今,专门的舞台表演已成为东盟舞蹈的主要形式。以缅甸舞蹈为例,过去的多样舞种已经被改编应用到一些常见的现代舞蹈中。例如,缅甸舞蹈中的拜神舞、仙人舞、男女傀儡舞等直接源自于戏剧艺术。现代缅甸戏剧舞台演出中,拜神舞已被改编为宫女舞,成为开场节目的一部分。傀儡舞中的"傀儡步"、"傀儡爬跳"等基本动作也已成为现代缅甸舞蹈的组成部分。

(五)体育游戏类活动

东盟作为一个区域性组织,促进了东南亚地区的合作与发展,而体育游戏类活动则是东盟国家之间文化交流和合作的重要组成部分。这些活动旨在增进东盟各国之间的友谊、促进文化交流、推动体育事业的发展,同时也为东盟国家提供了展示自身文化和体育实力的平台。

第一,东盟体育游戏类活动有助于增进东盟国家之间的友谊和团结。通过参与体育比赛和游戏活动,东盟各国的运动员和观众可以互相交流、学习和合作,增进彼此的了解和友谊。这种友谊和团结精神有助于加强东盟国家之间的合作关系,推动区域和平与发展。

第二,东盟体育游戏类活动促进了东盟国家之间的文化交流和互动。在这些活动中,东盟各国不仅可以展示自己的传统体育项目和游戏文化,还可以学习和体验其他东盟国家的体育文化和传统游戏。这种文化交流和互动有助于丰富东盟地区的文化多样性,促进东盟各国之间的文化融合和共享。

第三,东盟体育游戏类活动也推动了体育事业在东盟地区的发展。通过举办国际性的体育比赛和游戏活动,东盟国家提高了体育设施和运动员的水平,推动了体育产业的发展,促进了体育在东盟地区的普及和发展。这对于提高东盟国家的国际体育竞争力和形象,推动东盟体育产业的繁荣具有重要意义。

第四,东盟体育游戏类活动为东盟国家提供了展示自身文化和体育实力的平台。通过参与国际性的体育比赛和游戏活动,东盟国家可以向世界展示自己的体育传统、体育项目和运动员实力,提高自身的国际影响力和竞争力。这有助于增强东盟国家的自信心和凝聚力,推动东盟地区的和平、稳定与繁荣。

（六）泼水节中的民族体育

宋干节，原称"杜特宋干"或"古特宋干"，俗称"泼水节"，按照佛历在小历五月，属于辞旧迎新时刻，故而又称"新年节"和"五月节"，是泰国、老挝、缅甸、柬埔寨等国的民俗民间节日，也是越南、马来西亚等国部分民族的传统节日，开展有舞蹈、泼水嬉戏、巡游、打水仗等民族体育活动。

泼水节中的体育活动主要包括泼水嬉戏、巡游、舞蹈、游艺、地方特色舞蹈、堆沙等。在泰国，巡游的成分较多，经选拔而产生的"宋干小姐"参加到巡游队伍中，载歌载舞的队伍紧跟其后，大大增加其节日氛围；在老挝，更重视堆沙及特色舞蹈等活动，如在琅勃拉邦地区泼水节中的特色舞蹈"老挝舞狮"，成为地方特色的民族体育活动。

泼水活动最初的意义在于通过向人身上泼洒神圣之水，寓意洗去尘世的污垢，祈愿来年好运连连。随着时间的推移，这一活动在许多地方已经演化为纯粹的娱乐活动，其中融入了歌舞表演、"宋干小姐"选拔和花车巡游等元素，原先的祭祀功能已明显淡化。在柬埔寨、缅甸、老挝、泰国等国家，泼水节不仅有泼水嬉戏的环节，还增加了游行表演、民族竞赛等活动，民众的参与热情日益高涨。民众能够亲身参与泼水节的各项民族体育活动，成为吸引他们积极参与的重要因素。而在中国西南地区，傣族同样有泼水节的传统，他们会在节日中举办龙舟赛、放高升等大型活动，使得民众的参与度大幅提升。

（七）大象节中的民族体育

大象体大力大，在东盟的泰国、老挝、缅甸、柬埔寨甚至越南等国家盛产。大象被广泛用于生产、生活、娱乐、军事等领域，为当地经济社会发展发挥重要的作用，因此具有重要地位，特别是在各国建立完整国家政权的战争中所做出的贡献，更是使其得到政府和民间的一致崇敬。因此各国都举办大象节以纪念娱乐，节会中的民族体育活动主要有大象趣味竞赛、人象拔河、人象舞蹈等。

每年的 11 月，泰国多地都要举办大象节，特别是在盛产大象的素辇市，大象节历时两天，其体育竞技表演项目中，有大象跑步比赛、大象滚木、大象舞蹈、选手坐上驯象追赶捕捉野象、"跑象拾物"和"大象跨人"表演、大象足球赛等。其中最吸引人的是由士兵手持矛剑列阵进行古代象阵表演和士兵同大象拔河的比赛，泰国每年举行大象节是为了感谢大象用生命在抵御外敌、保卫国家中所做的贡献，这也充分体现了泰国大象军事文化的传承。除泰国外，在中南半岛诸国，也一直传承举办大象节开展的民族体育活动，如在老挝热带森林茂密的沙耶武里省，聚集有老挝数量最多的大象，此地也举办一年一度的大象节，开展丰富多彩的大象表演及竞赛等民俗体育活动。东盟各地的大象表演活动在旅游景区、节日庆祝等场合广泛开展，以及开展人象互动类的体育活动，成为东盟特有的民族体育项目内容。

（八）马来地区武术——班卡苏拉

马来地区的班卡苏拉武术，其灵感来源于短棍术，它在世界武术领域中独具特色，深受当地自然地理和社会文化发展的影响。马来地区拥有热带雨林和热带季风气候，以岛屿和山地森林为主要地形，普遍地势较为局促。从人类学的视角来看，这也导致了马来人种普遍身材较为矮小，这一身体特征进而塑造了当地武术以灵活多变、短器械为主的特点。历史上，马来地区一直面临着与自然和外来侵略者的斗争，这种适者生存的社会文化深深植根于当地。马来人在抵御外来骚扰时，使用武器能显著提升其战斗力。由于地形限制，他们无法像平原地区那样方便地使用长、大器械。此外，敌人和野兽随时可能出现，因此随身携带武器成为常态。久而久之，佩戴珍贵的短剑成为一种社会风尚。

马来群岛地区以短棍术为主流的武术，在长期的发展中，不断与外来文化发生冲突与融合，特别是受西方拳击术、击剑术的冲击和受中国武术的影响，在长期的实践中分化成了剑术和拳术。其中短棍不断被短剑取代，成为剑术，剑术也不断受西方击剑的影响，将短剑加长至与西方击剑相当的长度，参考西方击剑进行竞赛；拳术也在原有的以马来西亚的"桑卡茂""塞力吉"和菲律宾的"缴械技 500 招""解除对手的武装""徒手搏击术"等徒手术为主的技法或流派基础上，逐渐演变成独立的拳术，其中受到中国以截拳道为主的武术流派的影响和西方拳击的影响，发展成当前知名度较高的班卡苏拉，并已流行至东盟的中南半岛地区和欧美地区。

(九) 中南半岛武术——高棉拳术

从严格意义上讲，高棉武术已经不复存在，已基本流变为当前中南半岛的各国武术。高棉武术实为中南半岛武术的始祖，它起源流传于承接扶南王国和真腊王国的吴哥文明，已经流变成中南半岛柬、泰、缅、老、越等各国的武术形式和流派。

高棉武术，从字面上看，意味着"随心所欲地战斗"。在技法层面，高棉拳主要采取搏击形式，可以徒手或使用棍、刀、剑等短器械进行近身搏斗。高棉拳的动作高达一万种，特别重视拳、腿、肘、膝四个部位的技巧运用，包括拳击、腿击、膝击和肘击四种攻击方式。高棉拳还特别强调站姿的快速移动，以便武士能够灵活避开对手的攻击。与现在广受欢迎的泰拳相比，高棉拳在攻击时更多地使用肘击，其步法更为飘忽不定，难以捉摸。高棉拳在中南半岛广泛流传后，与马来地区的"班卡苏拉"齐名，成为东南亚的两大武术类型之一。随着它在不同国家和地区的传播，高棉拳也产生了一定的变异，衍生出了泰拳、缅甸拳（又称北泰拳）、马来拳、老挝拳（又称寮拳）等武术流派。因此，高棉武术被看作是中南半岛武术的始祖。近年来，泰国的拳术逐渐发展成泰拳，并且迅速实现职业化发展，已经在国际上享有盛名。同时，越南也出现了越武道，成为代表越南武术的独特流派。

第二节　东盟民族体育文化的独特性与地方性

一、东盟民族体育文化的独特性

东南亚地区独特的自然地理环境、生产条件、生活方式以及社会历史进程，共同孕育出了别具一格的东南亚文化。民族体育文化作为地方自然地理与人文条件相互交融的产物，东盟民族体育的独特性在其产生、发展、形式、内容及内涵等多个方面均得到了鲜明体现。东盟地区的众多民族体育项目不仅具有地方特色，甚至有些项目还具有明显的独特性和唯一性，这些都是其他地区所无法复制和替代的。

东盟民族体育文化的独特性主要体现在两个方面：①相对于中国而言独有；②相对东盟各地之间是独有。如泰拳、班卡苏拉、老挝拳、越武道等东盟武术，从起源、发展、技法等方面考察，这些武术起源于东盟各地，与从中国传入的少林武术、截拳道、南拳、海南拳术等诸多武术是平行的；在发展进程上，东盟这些武术一直都以在当地流行为主，即使是传播到中国（如泰拳），仍然属于原属地的武术，特别是向外传播后其技法仍然基本得到原汁原味地保持，充分体现其独特性。

印马地区的超大型风筝，需要具备当地常年都有的大风为基础条件，其实中国潍坊风筝节的组织团队也曾经考察过吉兰丹的大风筝，也有将超大型风筝引入的思路，但终归存在风力条件不够的短板而未能实施。东盟的大象节体育活动，也需要在生产大象而且将大象广泛应用于生产生活或军事的地区，才有条件开展。东盟湄公河一些区域流行的斗鱼、印尼的檀叶格斗等民族体育内容，也需要当地拥有相应的资源条件才能开展。因此，东盟民族体育文化的独特性，体现在一些民族体育内容只属于东盟的一定区域所有，即使引进到其他区域开展，仍脱离不了其原来属地的属性。

二、东盟民族体育文化的地方性

（一）地方自然地理特征

第一，由不同的自然地理地域条件决定。世界之大，自然地理条件也差别巨大，造就了不同的文化，这也是世界多文化共有的特性，表现为一定地域自然及人文条件下才有的特定项目内容。印马菲地区武术班卡苏拉，缘起近身自卫术，并以短棍短刀为主要器械，与当时防御野兽、外来入侵者以及当地山区狭小空间的限制有关。在菲律宾的长滩岛，特别是东部的布拉波海滩，大自然赋予了这里得天独厚的条件。这里的风力充沛，一个月内超过20天都是全天候的大风天气，为风筝活动提供了理想的自然环境。正因为这样的自然条件，为风筝爱好者提供了学习和实践的场所。也正因为这种特殊的环境，当地的超大型风筝和斗风筝活动都带上了地域性的特色，成为这里独有的文化景观。

斗鱼、斗虫等游艺活动，也需要在盛产这些好斗动物的自然区域开展。如斗鱼，并非所有鱼都可斗，首要条件是需要有斗鱼的来源，也很受自然地理区域的限制，斗鱼一般使用的热带雄鱼多产于湄公河流域，其中湄公河泰国河段区域就盛产，是开展斗鱼较多的区域。当地的河流在涨水期出产较多，这些用以搏斗的鱼，不宜食用人们可以在出产季节到河流中捕捞，用以开展斗鱼活动。

第二，受本土文化影响甚至决定。泰人所说的泰拳，很有可能就是指本土的拳术、本地的拳术，即"土著拳术"，这点充分说明泰拳是本土文化，具备本土区域特征。

（二）地方基础传承性特征

地方性与国际性，这两者在文化传承与发展中一直是一对持续的矛盾与共存的形式，这种冲突与融合贯穿了文化的整个历史长河。民族体育文化的地方基础传承性，正是文化多样性的根基所在。而东盟的民族体育文化，作为全球文化多样性的典范，正是凭借其深厚的地方基础传承性而得以展现其独特魅力。事实上，任何一种民族民间文化，都离不开其地方基础性传承发展的支撑。

东南亚地区拥有岛屿、半岛、内地等多种多样的地理特征，各种武术流派和拳种在这片土地上分布广泛。这些武术形式在文字记载出现之前，就已经存在于各地的族群、王族、王朝以及民间村落中，或被用于建立卫队、军队，或作为族中群众御敌防身的技能。这一点不仅可以从中国描写东南亚社会发展变迁的文献中找到依据，还可以在东南亚各地民间流传的历史故事中得到印证，这些故事往往讲述着历代王朝间的武力争斗，这正是东南亚武术地方性基础传承的源头所在。

发展到当代，东南亚武术虽然脱离了部族争斗与抵御野兽或小股来敌的侵犯等用途，但仍有广泛的地方性传承，传承方式如下：

第一,商业渠道的武馆传授形式。传授中国武术的武馆广泛分布在东南亚各国,其中部分武馆也传授当地武术,也有部分专门传授东南亚武术的武馆,如泰拳馆、班卡苏拉技击馆等。

第二,广泛在各地庙会中传授。东南亚民众普遍信教,其中中南半岛的佛教类寺庙众多,是传播武术较多的场所,因此诸多武术具有佛教性。

第三,将武术拳种作为表演类内容传承。武术用于争斗防身的时代已经过去,其主要功能已经转移到健身、娱乐及文化传承上,其中的一些武术已经开放成为表演内容,广泛用于舞台表演、旅游表演中,如马来地区的班卡苏拉,中南半岛的越武道、泰拳等。

第四,以家族的形式存在于一些山区的村落中。如印尼的加里曼丹岛上,山区的班加尔族人仍有在村中练习悉拉特的习惯,在缅甸马纳普诺地区的克伦族常练武术拳道以强当地卫队等。

第三节 东盟民族体育文化的区域性与多样性

一、东盟民族体育文化的区域性

(一)马来群岛区域

马来群岛位于太平洋与印度洋之间,包括东盟的马来西亚、印度尼西亚、菲律宾、新加坡和文莱五个国家。由于其独特的自然环境、地理条件和历史发展,形成了多元而独立的马来群岛文化。在这五个国家中,新加坡华人占绝大多数,使得中国文化在当地具有一定的影响力。而马来西亚、印度尼西亚、菲律宾和文莱则更多地展现了独特的马来文化特色。这些地区受到了印度文化和伊斯兰文化的影响,尤其是在印度尼西亚、马来西亚和文莱等地区。

马来群岛由成千上万个岛屿组成,森林茂密,土地狭窄,海域之间的隔离促使各地文化相对封闭和独立。这种地理特点,再加上热带雨林和季风气候,使得当地形成了欠发达的农业社会。同时,海上交通便利也成为外来文化扩张的渠道，促进了多样化的文化交流，孕育了多元的马来文化。中国人在东南沿海地区广泛分布，面向东南亚的广阔海域，借助船只可以轻易到达东南亚的各大岛屿。中国移民的涌入，使得东南亚成为了华侨最多的地区，这也带来了丰富的中国传统文化，包括民族体育。然而，由于马来群岛地区与中国相隔重洋，中国传统文化在当地的传播受到了一定的限制，因此相比中南半岛，中国文化更难以融入当地文化。

（二）中南半岛区域

中南半岛地区包括越南、泰国、老挝、缅甸和柬埔寨等五个国家，位于亚洲大陆的南端，与南海相邻，与印度、中国等地紧密相连。由于其地理位置的特殊性，中南半岛深受古印度、中国和西方文化的影响，孕育了多样而丰富的文化特征。其中，佛教文化在该地区十分盛行，是其精神支柱之一；同时，中国传统文化也在语言、文字和风俗习惯等方面留下了痕迹；地方文化则展现出各具特色的民族风情；而西方文化也在这里留下了深刻的印记，不论是在建筑风格还是生活方式上。这些文化特征共同构成了中南半岛地区民族体育文化的独特性。

第一，尽管中南半岛地区民族众多，地域自然条件和社会文化存在差异，但吴哥文明是其历史上的重要象征之一。吴哥文化深刻地影响了中南半岛，尤其是通过吴哥壁画，展现了以那伽为核心的水神精神信仰，这也成为了区域性影响最为广泛的文化之一，决定了该地区的民族体育文化带有水信仰的特征。

第二，中南半岛是古印度文明向世界传播的通道，佛教在该地区盛行，并成为国家的国教。这一文化特点在高棉拳等武术文化中得以体现，显示出了佛教文化的影响。相较于中国的武术，中南半岛的武术更加注重拳术，民间使用兵器的武术较少。

第三，中南半岛部分地区曾是中国的领土，地理和文化特质与中国西南地区相近，使得中国传统文化对该地区产生了深远影响。中国的文化源源不断地向中南半岛传播，为其民族体育文化赋予了中国传统文化的特色。

第四，中南半岛地区面向南海，与欧洲大陆有海上联系，该地区吸收了西方文化的一些价值观念。这些因素共同塑造了中南半岛地区民族体育文化的特质。

(三) 与中国不同距离的区域性特征

与中国不同方位距离的区域可以分为与中国相邻、有较远的间隔、远距离三种情况，这些区域相比中国的民族体育展现出了不同的特征。

与中国相邻的边境国家，如越南、老挝、缅甸，与中国有着大量的跨境民族联系，属于儒释道东方文化圈的范畴。这些地区的民族体育文化在很大程度上带有中国传统文化的痕迹，表现出中国传统文化的影响力。例如，越南的越武道武术在家族传承的基础上，吸收了多个武术门派的精髓，形成了独特的门派。老挝的泼水节和缅甸的斗牛活动等民族体育内容与中国相邻国家的特色相似度较高。

有较远距离的国家，如泰国和柬埔寨，其民族体育与中国存在较大的差异。例如，泰拳与中国武术是完全不同的流派，而大象运动则是这些国家独有的民族体育项目。此外，斗牛活动也呈现出与中国相比更大的差异性。

远距离的国家，如马来西亚、菲律宾、印度尼西亚和文莱，其地域特征更加显著。例如，在印度尼西亚的印度尼西亚群岛地区，海洋环境促进了大型风筝的发展；社会环境适合博彩文化的生长，舞狮活动也吸引人们通过参与舞狮获得好运来参与博彩。与中国相比，这些地区的斗鸡活动反映了地区文化差异的更大特征。

二、东盟民族体育文化的多样性

(一) 内容的多样性

"东盟民族体育文化通过融合发展，在现代社会获得了传承发展的新空间，在实现文化共享的同时，保持了文化的多样性。"[①] 东盟地区的众多民族遍布在东南亚的山林、河流、内陆海岛等广袤区域，其民族体育也随之分散在这些地方，因此呈现出纷繁复杂的面貌。这些民族体育内容存在大量的

---

① 王浩，李乃琼，尹继林，等. 东盟民族体育文化的融合发展及其启示[J]. 广西社会科学，2018 (06): 90.

重叠、交叉现象，有些已经失传或濒临失传，有些则在一度失传后又重新得到开展，还经历了不断的失传与恢复的循环。更有些内容在融合后生成了新的形式。由于数量庞大且情况复杂，想要准确统计东盟民族体育文化的所有种类和名称，几乎是一项不可能完成的任务。这些内容多样的客观存在状况，是其多样性的体现。

菲律宾武术就有多种流派，而且在不同的地区，武术也有各自不同的风格。作为东盟原生态的印尼舞狮也存在多样性，巴龙也不是只有狮子的形象，还出现很多其他动物、原始人等的形象。从内容数量上说，这些只是少部分，因为东盟民族体育项目数量无法准确统计，单是体育游戏，项目数量都很难准确统计，各国的资料统计介绍数量差异也很大，就是同一个国家内的各种资料介绍的数量也不同。另外，东盟国家一些相对闭塞的地方，仍有大量的民族体育散落在民间，如在马来群岛地区，众多的岛屿之间的信息交流交往受到隔海天然屏障的阻隔，仍然有部分体育游戏散落在民间而未被外界所认知，说明东盟民族体育文化的多样性是实实在在的内容数量远多于其他地区。

（二）体育文化的多样性

东南亚文化是该区域多种文化的组合，是很难统一的，但有局部的同一性。由于地形、地貌和人文的差异，东南亚文化在局部上可以分为两大区块、四种文化。两大区块的划分，在地理位置和族群上，东南亚大陆区域以佛教文化为主，海岛区域以马来文化为主。两大区块又可进一步细分为四种文化区域：①中南半岛和中西部的缅甸、柬埔寨、泰国、老挝四国，为上座部佛教和泼水文化圈；②越南和新加坡两国主要是儒释道文化圈；③马来群岛的印度尼西亚、马来西亚、文莱，主要是伊斯兰教文化圈；④菲律宾和东帝汶的基督天主教文化圈。四种文化，是按照信仰和相关的文化特征划分。总之，东盟文化基础的多样性，造就了其民族体育文化的多样性。

东盟地区的文化基础具有丰富多元的特点，这一点在印度尼西亚尤为突出。印度尼西亚拥有超百个民族，文化的多样性表现得尤为显著。印尼人民展现出卓越的文化包容性，即使只是简单的地理位置差异，如河东河西，人们的喜好和信仰也可能大相径庭。这种文化的多样性体现在各种文化形式上，例如爪哇族对皮影戏、音乐和舞蹈的热爱，巽达族对格来克木偶戏、板顿诗和斗羊的钟情，巴厘族对斗鸡、雕刻和编织的迷恋，马都拉族对斗牛和赛牛的喜好，布吉斯族和望加锡族在航海经商方面的卓越，以及米南加保族对母系氏族社会生活习惯的坚持，达雅族和多拉查族仍然保留着刀耕火种的生活方式等。此外，数百万已加入印尼国籍的华人、阿拉伯人和印度人，尽管他们带来了各自民族的特色，但已深深地融入了这个国家，将异乡当作了故乡。这种文化交融和包容的心态，是印度尼西亚能够保持文化多样性的重要心理基础。同样，东盟其他国家也各有其文化多元的依据，这些多元文化基础共同孕育了当地丰富多样的民族体育文化。

东盟民族体育文化的多样性主要体现在以下方面：

第一，稻耕习俗文化的基础作用。东盟基本是农业的国度，稻耕农业是维系国计民生的基础，大量的民族体育起于斯、用于斯、利于斯，成为当地民族体育的基础，如动物斗赛、农闲休闲活动、丰收感恩类内容等，源于稻耕习俗、行于稻耕闲时、寓于稻耕价值诉求。

第二，本土休闲娱乐文化的助力作用。东盟民族体育中，在当地休闲娱乐文化的助推下，很多体现了休闲娱乐特征，如表演、择偶等相关的民族体育活动。

第三，盛行博彩文化的导向影响。丰富的博彩文化导向了民族体育的锦标性增强，如在各地的动物斗赛中，为了取胜而特别重视附带的仪式、祈祷、增强动物战斗力等活动内容，扩展了民族体育的形式和内涵，更能体现其多样性。

第四，承载外来文化的变异性影响。东盟是世界文化的"集散地"，不但各大文化汇聚于此，各地政治制度也相交其中，而且多国文化纷至沓来，实实在在带来了世界各地文化，如西方拳击的技法和竞赛规则融进了班卡苏拉和泰拳中，促进了东盟武术竞赛化发展而有别于原来的传统武术。这些都是在承载外来文化中促成的民族体育文化的多样性。

第四节 东盟民族体育文化的竞技性与变异性

一、东盟民族体育文化的竞技性

竞技是体育的灵魂，也是民族体育的灵魂。如果民族体育不走竞技化道路，将只停留在民间游戏、杂耍和民间娱乐活动的发展层次，难以出现大范围的区域直至全球性的影响力，也难以产生世界性的民族体育交流和融合。东盟民族体育从产生发展至传播和流变，无不伴随竞技的方式、途径和功能。

东盟民族体育的源头可追溯到生产、生活以及精神信仰的需求。其中，那些源于抗击外来侵扰和生活中的对抗性游戏，本质上就带有竞技性。在东盟，大量的民族体育项目正是通过竞技的方式得以广泛传播。在古代，马来地区和中南半岛的武师们四处游历，通过比武交流技艺，其中泰缅武师之间的较量尤为引人注目。而到了现代，随着东盟国内和地区乃至世界级的武术赛事日趋成熟和多样化，东盟的班卡苏拉、泰拳以及各地的武术在东盟各地得到了广泛传播，并进一步传至亚洲、欧美乃至全球各地。这些竞技活动不仅提升了武术水平，更成为武术发展的常态。此外，龙舟、舞狮、民族球类等项目也主要通过竞赛形式进行大范围传播，并在竞赛中实现了技艺的不断提升。泰国、老挝、越南的斗牛赛也不惜让牛长途跋涉运输走出国门到东盟邻国和中国参赛，充分体现竞赛是东盟民族体育的本质属性。

东盟举办的两年一度的东南亚运动会于1959年开始，开办的当年就开设有藤球、马来武术、传统赛舟等民族体育的竞赛项目，虽然经受了现代体育的多方面冲击，但民族体育运动会仍经久不衰，而且，更多的民族体育项目正不断被开发成为新的竞赛项目，赛事的影响力、规模、层次也在不断提升，民族体育内容的竞赛在不断普及，甚至一些极具休闲特征的项目，众多也以竞赛的形式开展，如鞭击比赛、陀螺赛、风筝赛、捞鱼比赛以及水牛节中的相关评比等。当前，东盟部分民族体育内容已经以赛事为其全部形式，并有加剧的趋势,如在日常休闲生活中出现的动物斗赛,已经成为有严明规则、规范的裁判和程序的赛事,充分体现赛事是东盟民族体育存在的基本形式。

二、东盟民族体育文化的变异性

(一) 生活化

民族体育经过漫长的演变,正逐渐融入人们的日常生活,成为休闲娱乐和健身的重要组成部分。即使是那些原本仅在特定节日举行的民俗体育活动,或是那些需依循季节与自然条件进行的民族体育内容,如今也呈现出向生活化转变的趋势。社会的进步使得越来越多的社会人士参与其中,甚至有些活动已经成为民众生活的一部分。

在东盟,丰富的舞蹈文化原本主要出现在庆典、特定节日和重要集会中。然而,如今这些舞蹈已经走进城市社区,成为全民健身活动的一部分。例如,在新加坡,莎莎舞蹈、武术、拳击等项目已经纳入大众体育健身政策。在越南河内、泰国曼谷、新加坡吉隆坡、老挝万象等地的广场上,经常可以看到群众跳起民族舞蹈、踢毽球、练习泰国剑术等,这些传统舞蹈已经自然而然地融入了人们的日常生活。

(二) 吸收异质文化

民族体育对异质文化的吸收,先要有吸收的条件,文化接触便是基本条件。在接触中,东盟民族体育就会积极地吸收异质文化,体现其很强的吸收异文化功能。

第一,最早的印、马、菲武术各自有不同的起源史,技法也存在一定的区别。在马来地区的几个国家中,不但地域相近,而且信仰和很多生活习俗都相同,在各种文化接触中,该地区的各国武术很快互相吸收各自武术特长,随之融合,演进成了马来地区的班卡苏拉,成为世界知名武术流派,并已经传播到越南、欧洲等地。

第二,印、马、菲地区的武术,在开始形成时纯粹是原生态的、以近身防卫为基础的格斗术,在16世纪欧洲殖民者到来并实现殖民统治后,以荷兰、葡萄牙等国为代表的欧洲拳击术也随之传入，很快，马来地区的近身格斗术就融进了西洋拳击的技法元素，从中吸收对方精华，菲律宾武技在一定程度上确也沿袭了西班牙的击剑术。

第三，马来武术中的一些招式很接近中国的截拳道，或是吸收了来源于当时华人武师带入的截拳道。西双版纳的傣族泼水节与中国文化相结合，在新年来临之前有杀猪杀鸡、酿酒等具有中国春节色彩的活动。东盟的傣族信奉佛教与中国传统儒家、道家文化有着一定的隔阂，但是随着民族大融合的高潮到来，它与中国传统文化相结合，在新年来临之前，有杀猪、宰鸡，酿酒等具有中国春节色彩的活动，这些都表明，泰国、缅甸等地的泼水节吸收了中国文化。

（三）向现代化转型

东盟民族体育文化向现代化转型主要体现在以下方面：

1. 向竞技化发展，融入国际化轨道

以武术文化为例，赛事的国际化发展日趋突出，文化全球化背景下，东盟各国武术以往的田间地头、山寨授徒等形式已逐渐淡化，从当时的维护政权、战争、自卫等基本需求，已转至为参加竞赛获取荣誉等主要价值诉求的多元化目的服务，竞赛以国际大赛为最终目标，群之所向，不断融进了国际化竞技的发展轨道。当前，东盟武术已经走上了竞技化的轨道，如泰拳已是其中的典型代表，在泰国极为盛行，已经成为常态化体育活动，是电视转播的重要内容，泰拳比赛的门票、泰拳商品，形成了泰拳经济，无不是其竞技化带来的效应。

泰拳竞赛在西方甚至中国也有其发展的空间，长期的中泰拳王对决就是最好的证明。班卡苏拉由地方的自卫术发展成为有国际竞赛机构的运动项目，已常规举办赛事，影响也逐步扩大，在青岛、南宁等地出现了训练班。这些培训班以传授班卡苏拉为目的，更为参加各种层次的班卡苏拉相关的赛事做准备。泼水文化圈中的柬埔寨、老挝等国度的赛船，原本是逐水仪式的一个部分，当前已经发展成为包含中国在内的世界多国龙舟参赛的知名赛事，在东盟各国举办的龙舟赛已经融进了国际化的轨道。藤球也是东盟国家的典型民族体育文化，其形式以竞赛为主，藤球赛事也正不断被世界接纳，影响力不断提升。

2. 成为现代健身娱乐生活的组成部分

东盟的民族体育，在传统上往往受到特定场合和时间的限制。例如，某些游艺类的民族体育项目，过去通常只在新年及重要节日时才会举行；而一些祭祀类的舞蹈，也仅在特定的活动中进行。随着时代的变迁，这些民族体育已经与现代文化生活方式相互交融，成为人们日常生活中的一部分。如今，它们被广泛应用于表演、旅游、广场娱乐健身等多种场合，成为现代娱乐文化生活的重要组成元素。在东盟各国的广场上，风筝、陀螺、武术等项目的群众健身娱乐活动已经非常普遍；同时，许多祭祀舞蹈也逐步向表演转型，成为现代舞台表演艺术的一部分。而那些原本只在特定节庆中开展的活动，也逐渐扩展到了旅游表演、喜庆庆典等领域。

3. 融入旅游业中，以表演、观赏和参与等形式实现转型

在东盟印尼巴厘岛的民族舞蹈、大马吉兰丹的风筝、泰国曼谷娜娜广场的剑术以及中南半岛各国的泼水节民族体育活动，都有广泛的旅游者参与到活动中。东盟众多的民族体育已经成为当地吸引游客的重要内容，如马来群岛各国的超大型风筝和陀螺表演，单面鼓表演也融入其中。吉兰丹的风筝赛在旅游界中名声正不断提升，已出现在一些涉东盟旅游公司的宣传资料中，马来西亚航空公司（马航）特地选择吉兰丹大风筝的图形，作为其飞机尾翼上的标志。泰国、柬埔寨、老挝、缅甸等泼水文化国家的泼水节中，泼水嬉戏、泼水节巡游，以及老挝泼水节特有的舞"布约""雅约""邢多"等活动，已经成为游客参与的成熟民族体育旅游的项目。印尼赛牛、舞狮（巴龙舞）、菲律宾的水牛节，泰国的舞牛斗牛节、大象节，也都与当地的旅游紧密结合，成为这些民族体育内容传承发展的一种形式。

东盟一些地方的斗牛赛牛，是游客欣赏的重要内容，如印尼的马都拉首府（巴目默卡山）举办一年一度的赛牛盛会每年赛牛期间，都吸引了许多来自印尼各地的参赛者、参观者和国外游客。缅甸的拜神舞经开发后已改称为宫女舞，成为现代缅甸戏剧舞蹈演出时沿用的开场节目。这些都是民族体育

融入旅游中的实际状况，与旅游实现了互动发展。

（四）华人民族体育的变异

1. 向本土化发展

中国传统文化在异域他乡与当地文化的交互和接触中，也会产生适应性变异，体现了文化适应性。华人将春节移植到雅加达，并且适当与适时地对传统春节进行调整以面对新的社会环境，这个春节"本土化"的过程可以充分证明中华传统文化具有很强的适应性，传承至今依然保持着中华传统春节的主体和精华部分。在雅加达，华人为了生存必须适应印尼的生活和文化，传统的变迁总是在默默无声中进行。当今雅加达华人春节已不再是纯粹的中华文化，它扬弃了其中一些不合时宜的糟粕因子，同时吸收印尼本土文化和西方文化中的优秀养分，形成了独具特色的印尼雅加达华人春节。

中华传统春节的移植与变迁，是华人在移居国保持自身独特的文化特征，同时也使其文化为主流社会所接纳，成为印尼多元文化的一部分。中国民族体育向东盟传播渠道是由华侨带来，再是由僧侣传播及原来就已经存在的跨境民族传播。不管是哪种形式和途径，中国民族体育一旦进入当地社会，便受当地文化的影响，或多或少地逐步产生变异，或者和中国国内变异的状况产生差异。

2. 功能与特征的变异

在马来西亚民间社会，舞狮的民俗与商业功能，已经具有本土化特征，并且和地域性的消费功能紧密结合。舞狮活动民俗与商业功能、地方特有的博彩价值观念密切联系，已经为满足马来西亚人的需求服务，充斥在民间的日常生活中。马来西亚民间舞狮活动已经突破传统的场合，直至可以灵活运用于各种现代社会需求，而非仅作为传统的节庆节目或体育活动了。马来西亚华人华侨的传统舞狮活动形式也适应于马来西亚的风土人情，舞狮艺术与当地风土民情结合，派生出新的表演程式。泰国华人的舞狮活动用途已经更为广泛，应用到各种场合、发挥更多的功能，如狮队参加迎宾和结婚迎亲活动。另外，舞狮活动本身能表现出一种自强不息的体育精神，这些都显著突破了原来华侨舞狮的驱邪祈福、喜庆娱乐的功能。东盟其他地区的华侨民族体育，也向不断满足当地人精神诉求的方向发展，也只有这样，才能与当地文化融合。

3. 影响力不断提升

在早期，华侨带来的中华文化曾一度受到压迫和抑制。由于华侨的辛勤努力和不懈奋斗，他们逐渐积累了大量的物质资源，然而这也引起了当局和原住民的不满，导致东盟各国相继出现了"排华"现象。在这种社会背景下，华侨体育及其他文化活动也受到了牵连和冲击。

随着华侨对自身权益的争取不断加强，当局也逐渐认识到压制中国文化对于当地占有较大比例的华侨人口来说是有害无益的。因此，经过多方努力和争取，华侨的社会权益和文化权利逐渐得到了落实。华侨民族体育在经历了压制与重新开展的曲折过程后，更加激发了其发展的能量。众多企业家纷纷慷慨解囊，民众的参与热情也日益高涨，武术、舞狮等民族体育活动的影响力显著增强。

随着华侨武术、舞狮等民族体育活动在东盟国家的深入扎根，当地民众也逐渐认可和接受了这些民族体育活动。在健康性和娱乐性的驱动下，这些活动得到了更为广泛地开展，民众的参与性普遍提升，规模不断扩大，影响力也进一步提升。

（五）部分民族体育走向萎缩甚至消失

在世界众多地区，民族体育被西方现代体育挤占已是不争的事实，这也是文化竞争的必然。世界的民族文化都面临这一现实，随着全球化的推进，文化交融式的传承发展，难以存在文化的真空地带，文化碰撞肯定会导致文化的变异、消融、再生或者消失。因此，民族体育在历史长河的生存竞争中，也遵循"优胜劣汰"的自然法则，东盟民族体育也不例外，也会随着文化大环境的融合发展，有些得以发展壮大，有些吸收异质文化的精华后得以新生，有些被淘汰。东盟民间流行的一些民族体育，在当前社会已经不再开展，只保存在文献中，甚至有部分只留存在老人的口中。以此类推，一些民族体育已经永远湮灭在历史中。

第五节　东盟民族体育文化的同质性与发展性

一、东盟民族体育文化的异域同质性

"同质"的中国—东盟民族体育文化，为"异域"所有。"异域"是中国—东盟民族体育的差异所在，属于双方文化差异中的特有形式。在东盟开展的一些民族体育，部分和中国的民族体育相似、相近甚至相同。这些民族体育都是东盟国家原生的体育活动，找不出是由中国传入或是从东盟传入中国的证据，两者分别起源于中国与中东盟各地，同质则主要体现在具有共同或相近的名称、方式方法、功能特征等，两者存在异域同质性，见表4-1[①]。

表4-1　　　　　　　　中国—东盟异域同质民族体育状况

中国	东盟	同质描述
中国拳术	中南半岛高棉拳术	都有相近的拳法、腿法、身法等攻、防、摔的技法
中国太极剑	泰国剑术	技法上都是动作缓慢，讲究精神与动作的统一，注重健身与表演性，对抗性不强
贵州省天柱县甘溪侗寨武术	马来武术	起源相同：在森林中为防范野兽伤人，模仿虎、豹等动物动作发明武术
中国双节棍	马来短棍术	器械和技法相似
中国龙舟赛	柬埔寨赛舟、老挝赛舟、缅甸赛船	竞技方式相同
中国珍珠球	泰国椅子球	竞赛形式相近

---

① 李乃琼.中国—东盟民族体育的融合发展　以文化差异的视角[M].北京：中国社会科学出版社，2018：152-153.

续表

中国	东盟	同质描述
中国陀螺	印、马、菲等国陀螺	旋转、打斗的技法基本相同
中国风筝	马来地区风筝	风筝的制作原理、放飞风筝活动相同
广西灵山县烟墩大鼓	马来大型单面鼓	形状相近，功能相似
中国舞狮	印尼巴龙舞	功能基本相同：都是具有超神力量，能祛邪纳福
海南打柴舞、广西壮族的竹竿舞	菲律宾的竹竿舞	使用器械、跳法相同
中国斗牛、斗鸡	东盟多国多地斗牛、斗鸡	牛与牛斗、鸡与鸡斗方式相同功能相近
中国多地的捞鱼赛	印尼多地的捞鱼赛	方式和功能相同
祭祀中的体育活动	东盟祭祀中的体育活动	庙会中的祭祀舞蹈、游艺活动、巡游等活动的形式相同，功能也是敬神、娱神直至娱人
中国捉迷藏、跳田地、弹玻璃球、老鹰提小鸡、击鼓传花、跳胶、摸盲鸡、丢手绢、穿山洞、捉石子、骑人马等体育游戏	东盟藏匿、跳田地、弹珠球、蛇吃尾、唱歌传拳、跳胶条、蒙眼找人、掉手帕、穿山洞、捉石子、骑马运送（人）等体育游戏	中国与东盟相对应体育游戏，在名称、内容和做法上基本相同

表4-1列出的是异域同质的部分民族体育内容，没有证据表明是由彼此间传播或引进的，中国—东盟民族体育的异域同质性的实质存在，表明人类社会的文明发展进程中，有很多文化形式与内容是相通的，是人类文明文化回归至共同的价值观所致，表明人类追求文明的目标是一致的。这一特性，为中国—东盟民族体育文化的融合发展拓展了新的依据。

二、东盟民族体育文化的融合发展性

（一）与各种现代体育文化元素的融合

体育元素涵盖了场地器材、竞赛规则、制度、办法，以及竞技与功能特征等多个方面。在漫长的发展过程中，东盟民族体育展现出了对优质元素的强大吸收能力，逐步向更加规范、易于传播、功能更强的方向发展。

以藤球运动为例，作为东南亚的传统体育项目，它不断吸取和融合羽毛球场地设计、足球的技法特征和竞赛规则等世界体育文化的精髓，逐渐发展成为一项具有全球影响力的现代藤球运动。同样，中南半岛地区广泛流行的赛船活动，也深受中国龙舟赛竞技风格的影响，如今在老挝、泰国、柬埔寨、越南等国的高水平赛事中，其竞赛规则和组织形式已与中国龙舟赛非常接近。

此外，古泰拳也吸收了西方拳击的拳套使用、场地限制和计分办法等更为规范的竞赛元素，这不仅提升了泰拳的竞技水平，也增强了其可持续发展的潜力。原本在印尼巴厘岛流行的斗鸡活动，在不断地发展中也被马、菲以及中南半岛一些地区所采用，并逐渐形成了更加规范的竞赛规则，使得这项活动更具观赏性和竞技性。

（二）与非体育文化活动的融合

1. 与当地习俗文化的融合

最典型普遍的是人们庆丰收的习俗，民众多数通过跳丰收舞蹈等活动来表现。民以食为天，吃往往结合东盟当地的节庆和各种风俗习惯被发挥得淋漓尽致，特别是在经济欠发达地区，集体聚众吃喝伴随着一些节庆特别受到欢迎。最突出的是在一些地方的刺牛赛牛节中，民族体育最后结束的环节是刺杀参加活动的牛分而食之，刺杀牛的选手成为英雄式的人物得到人们的尊敬。这一活动形式能满足人们对吃的渴望，融合了过节吃喝的习俗。越南京族哈节中，举办有踩高跷、跳竹竿、跳天灯舞等民族体育活动，参加这些民族体育活动表演和竞赛的人员，可以参加其中的"乡饮"习俗活动。"乡饮"就是在哈节中，每户都派出代表，有时人数多达千人以上，在哈节举办地摆开场面宏大的餐桌进行吃喝，是京族的一种习俗。还有民族体育与当地的生育习俗活动融合，如跳祭拜舞蹈以祈福求子，与当地的休闲娱乐习俗融合，人们开展娱乐性的民族体育活动得以实现。

2. 与外来社会文化的融合

东南亚文化在与外来文化交流中展现了独特的融合与创新。相较于全盘接受外来文化，东南亚地区更倾向于有选择性地吸收外来文化元素，并将其融合到自身文化中，形成了丰富多彩的文化风格。这种文化融合的活力体现在以下方面：

（1）东南亚的水稻农业文明展示了文化融合的典范。受到中国农耕技术的影响，东南亚地区发展了独特而丰富的稻作文化。东南亚国家在水稻种植、灌溉系统和农业节庆等方面吸收了中国的农耕技术和文化传统，同时又根据自身地理环境和文化特点进行了创新和发展，形成了与中国截然不同的水稻文化。

（2）东盟社会结构受到中国村社文化的影响，但又在传承的基础上进行了创新。东南亚国家在社会组织和管理制度方面吸收了中国的村社制度，并将其融入自身的社会结构中。在东南亚的村庄社区组织中，又出现了与中国村社不同的特色，体现了东南亚社会文化的独特性和创新性。

（3）东南亚国家的国家体制也借鉴了西方政治体制，但又在吸收的基础上进行了本土化调整。东南亚各国在建立国家政权和政治制度时，吸收了西方国家的政治理念和体制模式，如民主制度、议会制度等，但又根据自身的历史、文化和社会现实进行了改造和调整，形成了独具东南亚特色的国家体制。

（4）东南亚民族体育文化与社会文化相契合，展现了多元竞技格局和政府支持下的规范化发展。东南亚地区的传统体育项目和民俗游戏在与外来文化的交流中得到了发展和推广，同时又保留了本土特色。东南亚国家政府也通过制定相关政策和举办体育赛事来支持民族体育文化的发展，使其成为国家文化的重要组成部分。

3. 与外交事务的融合

在古代,东盟地区的国家(藩属地)外交使节前来中国商谈外交事务(朝贡)中,就有带来蹴鞠、马球等民族体育项目进行交流比赛的文献记载。在现代,中国—东盟开展外交交往,在晚宴、晚会等一些休闲乐安排中,各国特色舞蹈都成为必选的内容,如东盟国家带来的泰国舞蹈、马来舞蹈等,在广西南宁市举办的中国—东盟博览会中就极受欢迎,而代表中国出演的壮族舞蹈也能给东盟嘉宾留下美好的印象。

在中国代表团出访东盟进行外交磋商中,也曾有杂技队、武术队随团出访的状况。国家间的外交,以处理双边问题、签署相互认同的文件为重要任务,双方都很重视彼此间的情感交流和良好印象,民族体育文化无疑是达成这一目的有效媒介。外交是国家之间的权威关系,可以动用一切能促进双方友好关系发展的资源,其中也包括民族体育文化融合发展所需要的资源。因此,外交的联系机会,有利于双方民族体育文化的交流与融合,成为中国—东盟民族体育交流融合的一种形式。"未来可从丰富交流内容,提高交流质量,转变交流形式,拓展交流途径和口径,丰富传播媒介等方面增强中国—东盟民族体育文化交流。"[1]

(三)不同区域的民族体育文化的融合

1. 各地民族体育文化的融合

东盟民族体育最初仅在有限的地域内流传,经过岁月的洗礼和漫长的传承,它逐渐跨越了地域的界限,传播至相邻乃至更为遥远的地区。在这一过程中,民族体育的内容、形式和功能也发生了深刻的变化。最初,它主要服务于生产、生活、军事和教育等方面的需求;随着时间的推移,它不断与其他文化元素融合,逐渐分化出更多元化、更适合各种需求的内容、形式和功能。

从民族体育文化的角度来看,各区域之间的融合与共享现象尤为显著。以藤球运动为例,这一运动作为东盟民族体育文化的杰出代表,一般认为起

---

[1] 尹继林,李乃琼. 中国—东盟民族体育文化交流研究[J]. 广西社会科学,2015(01):48.

源于马六甲地区。如今它已经在东盟十国得到了广泛地开展和普及。这一变化并非偶然，而是在藤球运动传播的过程中，不断与各地的民间游戏元素，如毽子等，进行融合与创新的结果。在龙舟运动中，原本在泰国、老挝、柬埔寨、缅甸、越南等国称为赛船、赛舟等，其源起、功能、形式等方面都有较大的不同，当前已经相互融合（而且融合中国的龙舟赛文化，或有从越南传入状况）成为较为标准的龙舟赛形式。马来群岛的马来武术、菲律宾武术、印尼武术原本有各自的起源和招式技法，当前在保留各自一些特色的基础上，总体上已融合发展成为具备一定标准的"班卡苏拉"，扩展至马来群岛，基本完成了当地武术文化的融合。

2. 与外来民族体育的融合

东盟社会文化的可塑性很强，民族体育的融合发展表现出更为灵活、便捷、简单等状况，这也是形成东盟文化多样性的原因之一。东盟的民族体育文化，延续了其整体文化的特性，在保持传统风格的基础上，融合了外来民族体育，获得了新的发展。

(1) 与中国民族体育文化的融合。中国民族体育在东盟地区的融合，已具有悠久的历史。如马来群岛各国的武术在长期的发展中，能够共同构成广被接受的班卡苏拉，其中融合中国截拳道是其有力推手。在越南首都河内一家名叫升龙咏春的功夫武馆，主要教授中国佛山的传统咏春拳，深受越南习武者的欢迎，是越南武术融合中国武术的成功案例。咏春拳结合了一些现代技法，使得它更符合现代人们的需要，使所教授的咏春拳出拳更快、刚柔并济、防守紧密、体力消耗量少，这些优势将能成为越南武术融合的元素。这种状况在东盟其他国家的武术教授中也有出现。东盟善于选择性地吸收外来文化的特性，使东盟武术的融合力不断加强，久而久之，中国武术在东盟就会形成与中国本土武术有较大差异性的各种流派，与东盟武术一起，发展不息。

(2) 与西方体育文化的融合。泰拳由缠麻向拳套过渡，是融合欧洲拳击术的结果。马来群岛武术与西洋击剑术的融合，是由于菲律宾人民在反抗西班牙殖民统治的过程中，不断地把敌人的武术技巧与优势纳入自己的武术体系当中来，进而使菲律宾武术得到不断地充实与完善。菲律宾棍剑配合技法或长刀与短刀配合技法，实则是受西洋击剑术的影响。"阿尼斯""埃斯克瑞玛"这些专用术语也是由相关的西班牙语词汇转换而来，就是在今天的菲律宾武术的传授中，也经常会出现用西班牙语所表征的一些专业术语。

（四）与现代旅游业的融合

民族体育文化与旅游结合，广泛开展民族体育旅游，是民族体育文化传承发展的重要路径与未来发展方向。在旅游市场的实际中，民族体育旅游成为业界公认的重要内容，丰富了传统的旅游业产品，特别是在民族文化丰富的地区，越来越突出民族体育旅游产品品牌。东盟地区的民族体育与当地旅游业的融合已经取得了显著的成效，形成了较为成熟的形式。如泰拳，在组织前往泰国旅游的旅行社中，观看表演和泰拳赛是主要项目之一。旅游业的兴起，成为泰拳赛事发展扩大的利好因素之一。在东盟各地民族体育文化旅游已不断成为得到认可的产品，游客在观赏或参与民族体育活动的同时，也促进了古老的民族体育文化与现代旅游文化的互动融合。每年，中南半岛各国的泼水节期间，都是当地的旅游旺季，届时，机票、酒店价格和旅游团的团费都大幅度高涨。泰国旅游中，多家旅游公司以欣赏泰拳比赛和欣赏水灯比赛等项目作为吸引观光客的内容，表明这些民族体育内容已经开放成为旅游产品。

在东盟国家举办了多届亚洲沙滩运动会，其本身就是旅游节的盛会，民族体育在沙滩运动会中充当了重要角色，也是颇受游客欢迎的活动。东盟民族体育运动会，本身就是民族体育旅游的主体内容，举办地的旅游销售大幅度攀升，已经成为东盟旅游业的一张名片。

第五章　中国—东盟体育文化的交流与融合发展

第一节　中国—东盟民族体育文化的差异分析

一、起源与内容差异

（一）起源差异

东盟自原始社会起便拥有独立的发展轨迹与文化根基。其民族体育，与世界各地包括中国的民族体育一样，皆根植于生产、军事、娱乐生活、民俗传统及人际交往等多种社会活动。在东盟丰富的民族体育项目中，既能看到部分内容的共性，如中国与东盟民族体育文化的异域同质性所证明，它们虽源于不同地域，却存在相似之处，这些体育项目在名称、形式、内容等方面虽与中国有诸多相同或相近之处，但其产生的背景和渊源却与中国存在显著差异。

在民族体育产生的时期，中国—东盟都是稻耕田猎农业型的社会，民族体育都是来源于当时的生产生活方式和精神信仰，但各自具体的生产生活条件和精神信仰有所不同，因此，除具体项目内容的起源不同外，仍可以总结各自不同的起源特征。中国以传统的稻耕农业为主流，而且中国古代的农业文明举世瞩目，远远领先于世界各地，由此而产生的民族体育文化也具有很明显的先进性，只有向外传播扩散，鲜有从外引进。而且作为泱泱大国，文化积淀深厚，有儒释道为主流的独立精神信仰体系且积淀深厚，因此，中国民族体育具有只来源于本土稻耕和中国文化精神信仰的单一起源性。

东盟的自然地理包括海岛、半岛、内地等特征，农业生产除稻耕外，渔猎也占较大的比例，甚至大象、牛马等畜类生产多样性的比例也远高于中国，农业文明远落后于中国和毗邻的印度，而且东盟国家小，文化积淀不够深厚，深受中国的儒释道和印度、西方宗教的影响，因此，产生于当地生产生活的民族体育文化其来源有当地稻耕农业、渔猎，以及外来引进，具有多源性的特征。

（二）内容差异

1. 同类异项——相同类型中的不同项目内容

从项目数量上看，东盟各国的数量统计，东盟民族体育项目远不止1000项。东盟民族体育内容数量多于中国，在数量上已有差异，与东盟的民族数量远多于中国的状况一致。中国与东盟相同类型的民族体育中，也有不同的项目内容，存在内容差异，见表5-1①。

表5-1　类型相同、项目内容差异的民族体育（同类异项）

类别	中国	东盟
武术类	散打、少林拳、截拳道等多种武术派系；太极剑	泰拳、越武道、班卡苏拉等武术；泰国剑术
舞狮	中国舞狮	印尼巴龙舞
球类	毽球	藤球
游艺类	顶（推）杆、打飞棒等	印尼檀叶格斗、鞭击赛等
游戏类	捉盲鸡、老鹰捉小鸡	泰国蒙眼找人、蛇吃尾
节庆类	春节的舞龙、舞狮、顶竹竿等；火把节的祭火舞蹈、巡游、动物斗赛、火把打跳火把狂欢等	开门节的水灯赛、祭祀舞蹈；大宝森节的祭祀舞蹈等
风筝	以放飞普通风筝、风筝放飞表演为主的综合节会（青岛）；日常用于休闲	超大风筝打斗（马来地区风筝节）；当前仍应用于军事和宗教
农业生产类	大象表演	赛象、人象拔河、跑象拾物等大象运动

---

① 李乃琼. 中国—东盟民族体育的融合发展　以文化差异的视角［M］. 北京：中国社会科学出版社，2018：166-167.

表5－1中，单体育游戏类就存在大量的不同内容，而民族体育项目多数来源于游戏，游戏项目的不同，能充分说明民族体育项目内容差异的客观存在。另外，在成熟的民族体育项目中，中国特有的春节、彝族火文化特征中的项目，以及中国各派系的武术、游艺类等，是目前在东盟所没有发现的项目内容；而东盟特有的藤球、班卡苏拉、泰拳等内容，则是中国所没有的。

2. 同项异质——共同项目中的文化特征差异

中国与东盟存在大量名称相同而内容不同（或有差异）的民族体育在本书中认定为"共同内容"，其中一部分在开展形式、练习方法、功能特征与要求等方面存在差异，见表5－2①。

表5－2 民族体育相同项目在形式、技法、功能等方面差异（同项异质）

项目类型	中国	东盟
特有项目	太极拳、舞狮等以表演形式为主，多在华人区流行	藤球、泰拳等竞技性强，在世界范围有更广泛的流行和影响
体育游戏	集中在生活竞技类	众多体现宗教类
武术	多内容多门派武术，内容分散；对抗性相对弱，点到为止	中南半岛武术（以泰拳系列、越南武术系列等为主）和马来武术两大类内容集中；对抗性更强，力争重创对手
龙舟	纪念先人信仰为主，突出节庆娱乐功能；中国龙舟造型龙头略大，龙颈略小，柔和协调，眼睛突出明亮，龙须龙爪显露威武	祭祀那伽信仰为主，突出消灾祈福功能；柬埔寨龙舟为七个头，泰国龙舟为三个头。老挝龙舟头小身大、龙颈细长、头顶龙冠；越南龙舟为身体硕大、龙颈粗短、龙口龙牙类似兽形
赛牛	平地上的普通单牛赛跑	水田上双牛拉耙赛跑

---

① 李乃琼. 中国—东盟民族体育的融合发展 以文化差异的视角［M］. 北京：中国社会科学出版社，2018：167－168.

续表

项目类型	中国	东盟
斗鸡	休闲娱乐为主；集中在中国的西南地区	以职业赌博为主；遍布东南亚各国的多地区
风筝	常规尺寸，各种放飞，源自生活	超大型，斗风筝，有源自宗教活动依据
舞蹈	多起源、多形式功能	众多集中起源于宗教，武舞特征比中国突出
节庆	以春节一节独大为主，并以喜庆类民族体育为主	有泼水节、送水节等多节庆，民族体育活动围绕宗教目的
击鼓	西南地区击鼓目的以庆祝为主地点在社区	老挝击鼓目的以祭祀为主，地点在寺庙
徒手捉鱼乡土比赛	有贵州台江姊妹节的传统抓鱼赛，又有广西荔浦龙怀乡景区江西万载县、珠海连州镇等新开发的徒手抓鱼比赛，有现代开发趋势	印尼西爪哇农民捞鱼比赛为传统的村落活动，未察到有现代新开发的徒手捉鱼活动
祭祀类	湖南湘西德夯、广西灵山县平南大洋广塘村等多地小型庙会，只保留了祭祀表演娱乐内容，由娱神向娱人发展更加显著	缅甸曼德勒、越南谅山省等地小型庙会，仍较多地保留傩舞等纯娱神舞蹈活动

二、文化内涵的差异

（一）地位的差异

中国与东盟各国，都是多民族、多文化地区，民族体育一直有很高的地位，主要体现在中国之于武术、舞狮、龙舟等项目，东盟之于藤球、武术、泰拳等项目，通过详细分析，民族体育在各自国家中的地位仍有一定的差异。

第一，从国家的层面，中国的民族体育地位高于东盟。落实国家的民族政策，团结全国各族人民成为国家的重要任务，重视民族文化成为我国重视民族工作的重要立足点，民族体育文化一直具有崇高的地位就是其体现。基于国家的民族政策支撑，常态化举办全国民族体育运动会、各省（市）的民族体育运动会以及国际性的龙舟、武术等单项高级别的赛事，设立各种国家级省市级的民族传统体育保护传承基地、传承人等项目和组织，国家投入了大量的人力物力，充分体现了民族体育在中国的崇高地位。

在东盟国家，实行的政治制度有人民代表制、君主制、议会共和制、总统共和制军政制等，同时带有西方文化的烙印，因此存在个性与人性倾向的政策治理因素，影响政府治理的集权度。而且，东盟本来就是民族国家，国家治理已经具备民族性特征，因此不能也没有必要像中国一样倾国力实行民族政策，专门给民族文化以特殊政策的支持。在民族体育的传承发展中，虽然也举办高层次的民族体育竞赛，但很少从国家的层面对民族体育给予单独的经济或项目支持，更多的是将民族体育纳入全民健身的内容体系中，民族体育更多的是以民间的形式开展与传承，其地位远不及中国。

第二，从民间的层面，东盟民族体育地位高于中国。与中国相比，东盟地区的民族体育在民间更为流行，并且是当地文化传承的主要方式，相比之下，国家层面推广的民族体育内容并不多。在中国，民族体育文化主要在国家层面得到传承和发展，实际上在民间的普及程度远不如东盟国家。例如，在一些高水平的民族传统体育运动会上，已经允许一定数量的汉族运动员参赛。许多原本属于地方性的民族体育项目已经失去了其地方特色，被整合到专业训练体系中。在很多地区，尽管并没有广泛流行的民族体育活动，但这些地区的代表队在全国性的民族体育比赛中却表现出色。竞技性的民族体育与现代竞技体育在同一个运行系统中共存。然而，这并不意味着这些地区的民间也广泛参与或受到了相应民族体育的影响。实际上，很多地方的民间并没有真正流行这些民族体育项目，因此它们在当地社会中的地位并不高。

第三，从项目内容层面，东盟民族体育的社会地位高于中国。在中国，较高社会地位的民族体育项目主要有龙舟、武术（含太极拳）、舞蹈等，而东盟主要有藤球、泰拳、武术、舞蹈、龙舟等，从普遍性和影响力而言，将中国—东盟这些民族体育内容相比较，发现龙舟的影响几乎相当。

第五章 中国—东盟体育文化的交流与融合发展

藤球是东盟十国普遍存在的一项体育活动，在学校、社区以及竞技体育中都有开展。相比之下，在中国难以找到类似普及程度的民族体育项目。在武术方面，马来群岛的班卡苏拉因其神圣的色彩而地位显赫，武术师傅在社会中普遍受到尊重；而中国的武术主要以专业队和学校教育为主，社会上从事武术的人相对较少。此外，关于舞蹈，中国和东盟国家的少数民族都有盛行的舞蹈文化。东盟国家的民族舞蹈由于在宗教活动中的广泛应用。相比之下，中国的民族舞蹈在形式和内容上可能略有不同。因此，虽然东盟国家的民族舞蹈在某些方面可能更为普及，但这并不意味着它们具有更高的社会地位，而是因为其在活动中的特殊地位和需求。

（二）文化基础的差异

中国，一个拥有五千多年辉煌历史的文明古国，自古以来就以其深厚的民族文化底蕴和坚实的群众基础著称于世。在漫长的历史长河中，中国历经了无数的风雨变迁，包括西方列强的殖民企图。即便在这样的历史沧桑中，中国的民族文化依然坚韧不拔，保持了儒释道的传统文化传承品格。这种文化传承的韧性和力量，不仅体现在文字、艺术、哲学等多个方面，更在民族体育文化中得到了充分体现。

相较于中国，东盟各国虽然也拥有悠久的历史和丰富的民族文化，但由于国土面积相对较小、本土文化不够强大以及抵御侵略的综合实力不够强等原因，这些国家在遭受殖民侵略后，本土民族文化的正常传承受到了极大的压抑。这种压抑导致了民族文化的变异，使得东盟各国的文化特色在西方文化的冲击下发生了不同程度的改变。

新加坡、马来西亚与泰国等国的文化变迁表现为外来文化对本土文化的消融。在这些国家，西方文化的元素逐渐渗透到日常生活中，影响了人们的思维方式、价值观念和生活习惯。印度、缅甸等国家则主要保留了佛教文化的影响，这种传统为这些国家的文化特色打下了坚实的基础。菲律宾的文化则更多地受到了西方文化的影响，表现为对西方价值观的接纳和融合。

在越南、新加坡等国家，儒家文化的影响尤为显著。这些国家不仅在文化上与中国有着深厚的渊源，而且在民族体育文化的传承上也受到了儒家文化的影响。在民族体育文化的厚重程度方面，中国仍然强于东盟国家。这既是因为中国拥有更为悠久的历史和更为丰富的文化底蕴，也是因为中国在保护和传承民族体育文化方面做出了更为积极的努力。

中国与东盟国家在民族文化的传承和发展上各有特色。中国以其深厚的文化底蕴和强大的文化传承能力而著称，而东盟各国则在面对外来文化的冲击时表现出了不同程度的变异和融合。尽管如此，这些国家都在努力保护和传承自己的民族文化，为世界的文化多样性做出了贡献。

（三）价值观的差异

价值观的差异体现在中国中庸和东盟多元价值观的差异上。中国的中庸之道，根植于天人合一的哲学，强调适度、顺应自然和自我修炼。许多中国民族体育项目，如太极拳和禅宗武术，都深刻体现了这种中庸思想，既注重技艺的展现，又追求内心的平和与克制。这些体育项目在传承儒释道精神的同时，淡化了竞技争胜的功利性，更符合中庸之道所倡导的和谐与平衡。东盟的文化和价值观更加多元，其民族体育也呈现出多样化的特点。一方面，东盟的民间休闲体育体现了生活化的价值观，休闲、娱乐的功能十分突出，与人们的日常生活紧密相连；另一方面，东盟民族体育也吸收了西方追求卓越、个性张扬的价值观，如泰拳的激烈对抗与泰国传统剑术、水牛节等表演性体育项目的并存，正是这种文化多元性的生动体现。

三、分布与运行差异

（一）分布差异

东南亚文化在地域和空间上存在三种差异性：①表现在海岛国家和半岛国家之间；②表现在海岛和半岛的各个国家之间；③表现在同一个国家的不同地区和不同的民族之间，尤其是印度尼西亚。

自然地理环境的差异不仅决定了不同地区的生产和生活方式，更深刻影响了当地文化的形态和本质。中国民族体育的分布特点明显，主要体现在南北之间的差异。这种差异主要受到环境气候的影响。例如，中国军事史上常说的"北方善马、南方善水"，以及武术界的"南拳北腿、东枪西棍"等说法，都反映了不同地域环境下民族体育的特色。北方民族体育多与马匹和冰雪活动相关，而南方则更多涉及水上运动及其他与热带气候相适应的活动。即使在滨海捕鱼这一相同的活动中，不同区域也发展出了各具特色的民族体育项目，如北部湾的踩高跷捕鱼和东海的船上武术。此外，中国民族体育还按照民族地区分布。原本各民族的传统体育项目呈现出鲜明的民族性特征，经过长期的融合发展，至今仍然存在一定的民族界限。

东盟民族体育也依据各种自然条件差异而分布，体现出与中国不同的特征。在马来群岛东盟五国的海岛国家，流行的主要民族体育包括：①居于信奉伊斯兰教、天主教地区的系列民族体育内容，如马来武术、凶狠的斗鸡、祭祀舞蹈等；②由当地自然地理因素决定的民族体育文化，如适应于当地海岛经常刮大风的超大型风筝，及与之相得益彰的超大陀螺、大鼓等，适应于当地海岛森林较为狭小空间的马来短棍术，适应于当地农耕特征的动物斗赛活动等。因此，马来群岛的特殊地理，在民族体育文化的分布上，可以将其归类为一个相对独立的马来区域。

在中南半岛的5个国家中，先是以佛教文化占据统治地位的社会文化，带来了众多的神进而娱人的民族体育相关活动，如祭祀舞蹈、游神巡游、放高升、庙会民族体育活动等；湄公河给各国带来了丰硕的物质和精神文化，创造了灿烂的水文化，与水相关的民族体育也应运而生，其中送水节与水神崇拜下的民族体育活动就有泼水节相关的项目内容、龙舟赛、水灯赛等；大象是独特的能为生产生活和军事所用的超大型动物，大象崇拜与大象文化得到普遍认同，创造了独特的大象体育活动等。

另外，中南半岛与中国为邻或地理位置与中国较为接近，部分民族体育由中国引进或受中国文化影响更大，而远离中国的马来群岛地区，分布的民族体育有来源于西方殖民者的葡萄牙、荷兰、西班牙等地的元素，如班卡苏拉短剑的技法和竞赛的积分方法、斗鸡的鸡种等。东盟的这些民族体育分布的状况，都能体现与中国的差异，总之，一定的地理和人文条件，产生一定的文化。东盟不同的地理位置和政治宗教条件，产生与中国不同特征的民族体育文化。

(二)运行差异

1. 运行条件差异

民族体育活动运行的条件主要有人力、政策、场所器材、经费等方面民族体育的运行条件，主要是受国家的相关政策影响。

中国极为重视民族工作，有专门的支持政策，同时设置有全国民族工作委员会和各地方委员会，作为政府代表的权力机构，权力机构和相关资源共同保障民族工作的顺利开展，其中也包括民族体育文化的传承发展。历史上，中国出台了诸多政策条件以支持民族体育的保护和传承发展，因此在政策条件上，中国优于东盟。在场地器材条件方面，中国建设了系列民族体育举办场所，甚至针对东盟国家也建有专门的融合发展场所。与中国红水河流域、中越边境（广西）以及"国门风采"的全民健身工程相对应的东盟地区，均没有建设任何相对应的体育健身设施。另外，东盟开展最为普遍的藤球活动，专门的藤球场地很少，特别是在经济条件较差的老挝、缅甸越南等地，藤球活动场所最多的是社区的空地，并非正规的赛场，其次是与当地的羽毛球场地共用。其他民族体育项目的开展场地，也是以使用村落社区的空地为主。民族体育开展场所的设施条件水平，并不随国家的经济条件同步提高，而是与国家对民族体育实施的政策相关。东盟民族体育场地条件总体上略逊于中国。

关于民族体育活动的经费来源，中国与东盟存在显著差异。在中国，高层次民族体育运动会和节庆活动主要依赖国家财政拨款和企业赞助，资金充足；基层活动则依赖村落集体经济、个人及企业捐赠，资金也相对稳定。在东盟，政府很少直接出资或引导经费来源。东盟的文化行业多采取社会化模式，与中国政府主导下的财政或政策支持不同，其民族体育经费来源较为有限。在经济发达的泰国、马来西亚等国，虽重视全民健身并投入经费，但对民族体育的支持仍有限。

2. 运行制度

一定社会发展历程下的国家制度，是一个国家所有管理制度和文化发展机制、意识形态形成及发展运行的基础，因此，中国与东盟民族体育运行制度存在的差异，主要是由国家制度造成的，而政治体制首当其冲，主要体现在提供政策支持及观念导向等方面。

历史上，中国的政治体制可以划分为前期封建社会的封建帝制和当前的社会主义社会的共产党领导下的民主集中制两大阶段，这两个阶段对中国社会文化的发展均产生了广泛的影响。

中国历经封建帝制后，由中国共产党领导解放了全国，实施了人民民主专政。虽然旧中国的封建制度有明显局限性，但其创造的民族体育如中华武术、龙舟运动等，是令人骄傲的灿烂文化。这些体育项目在封建时代得到广泛认同和支持，武术在冷兵器时代得到应用，官方比武大赛也广泛开展。封建王朝推崇民族体育文化，主流项目历经千年传承不衰。中国以王权为核心的政治制度，有效传承了天人合一等文化，即便受西方文化冲击，也能坚守本心，消化吸收西方科技，拒绝其自我中心和享乐主义等自由化思想。

中华人民共和国成立后，确立了以共产党为核心实行多党合作制的民主集中制的政治制度，更保障了政治和思想社会文化正确方向，使社会价值观永不偏离轨道，永葆社会主义文化运行制度的正确方向，在民族体育文化中得到全面的体现。我党我国高度重视传承和应用中国传统文化，是中国政治制度下的重要文化政策，主导着中国民族体育文化的健康发展，包含有中国共产党高瞻远瞩的远大抱负和眼光，能在中国历史进程中落实中国传统体育文化的优越性给我国带来的诸多红利，如强身健体的实惠和团结合作、勇敢顽强、自强不息的精神等。

因此，从国家的层面，实行在政府主导下、双方协同、全民参与的民族体育文化传承发展体系，也是与中国举国办体育的机制是一致的。国家和政府的重视和参与，为中国民族体育文化的传承发展创造了良好的条件，有相关的推行民族体育文化的政策提供保障，从中营造弘扬中国传统体育文化的社会氛围，如承认民族体育竞赛中的名次和荣誉，对优胜和有贡献者给予相应的奖励等。

在东盟各国，实施多种政治体制：越南、老挝为人民代表制国家，缅甸为军政府制国家，泰国、柬埔寨、马来西亚、文莱为君主立宪制国家，印度尼西亚、菲律宾为总统共和制国家，新加坡为议会共和制国家。因此，决定了东盟范围内是一个多政治制度、多文化类型的区域，将其喻为全球各种制度和文化的集散地也不为过，这恰恰与其多民族及多民族文化的状况相一致，一直以来运行的多文化制度，深远地影响当地的民族体育文化。

第二节　中国面向东盟国家的体育文化传播

一、中国面向东盟国家的体育文化传播作用

（一）弘扬中华体育精神，推动中东融合发展

"中国作为面向东盟体育合作与发展的重要平台，是一个立足于与东盟对接的区位优势。"[①] 弘扬中华体育精神，是推动中东融合发展的重要动力。这一精神，深深植根于中华民族体育文化的精髓之中，为国民在体育领域的奋斗提供了坚实的信念支撑和源源不断的动力。它不仅是我国迈向体育强国目标的强大精神支柱，更是推动体育产业蓬勃发展的内在动力。

在全球化的大背景下，中东地区的融合发展显得尤为重要。中华体育精神作为一种文化软实力，通过体育交流和合作，可以打破文化隔阂，促进中东地区的相互理解和友谊。青少年作为国家的未来和希望，他们在继承和发扬中华体育精神方面肩负着重要的使命。在学校体育教育中，应当引导他们深刻领悟和体验中华体育精神的内涵，将其融入日常生活中，培养勇于挑战、永不言败的品格，这不仅对他们的身心健康和人格完善具有重要意义，也对推动中东地区的融合发展具有积极作用。

为了更好地弘扬中华体育精神，推动中东融合发展，中国应不断加强体育赛事的组织与实施。通过举办各类国际体育赛事，如武术节、龙舟邀请赛等，不仅可以展示中国传统体育文化的魅力，也可以吸引中东地区的国家积极参与，增进相互之间的了解和友谊。同时，加大宣传力度，充分利用媒体

[①] 吴娟丽，王康锋. 中国面向东盟国家的体育文化传播研究 [J]. 武术研究，2023, 8 (09): 148.

资源，将中华体育精神传播到更广泛的人群中，增强其在中东地区的知名度和影响力。

弘扬中华体育精神是推动中东融合发展的重要途径。通过加强体育赛事的组织与实施、加大宣传力度等措施，可以进一步推动中东地区的体育交流与合作，增进相互之间的了解和友谊，为构建中东命运共同体贡献力量。

（二）创新体育文化产品和品牌，推动体育文化产业融合发展

在全球化与信息化的大背景下，体育文化产品的创作与传播方式不断变革，为体育文化的传播与体育精神的弘扬提供了更广阔的舞台。

体育文化产品作为展示宣传体育文化的重要载体，其质量与创新性直接影响着体育文化的传播效果。通过深入挖掘体育文化的内涵，结合现代设计理念和科技手段，可以打造出具有独特魅力和时代特色的体育文化产品。这些产品不仅能够满足人们对于体育文化的多元化需求，更能够成为传播体育精神、弘扬民族文化的有力工具。

体育文化品牌的建设也是推动体育文化产业融合发展的重要一环。一个成功的体育文化品牌，不仅能够在市场上树立良好的形象和口碑，更能够成为连接不同体育文化领域的桥梁和纽带。通过品牌的力量，可以整合各类体育文化资源，实现资源共享和优势互补，从而推动体育产品与体育文化的深度融合。

在当前社会网络技术飞速发展的背景下，体育文化产品和品牌的传播方式也呈现出多样化的趋势。体育广播、体育影视等新媒体形式为体育文化的传播提供了更广阔的平台，也为体育文化产业的发展注入了新的活力。通过利用这些新媒体形式，可以将体育文化产品以更加生动、直观的方式呈现给公众，提高体育文化的传播效率和影响力。

创新体育文化产品和品牌是推动体育文化产业融合发展的重要途径。只有不断推陈出新，打造具有时代特色和独特魅力的体育文化产品和品牌，才能够推动体育文化产业的繁荣发展，为弘扬和传播我国民族文化、体育文化和体育精神做出更大的贡献。

（三）增强体育文化传播与东盟交流，推动体育宣传融合发展

增强体育文化传播与东盟交流，是推动体育宣传融合发展的重要一环。

在当今全球化的大背景下,体育文化的国际交流不仅关乎国家的文化软实力,更是政治范畴内的重要战略。

随着信息技术的迅猛发展和创新,体育文化传播与国际交流迎来了前所未有的黄金时代和全媒体时代。在这一时代背景下,人们应立足加强体育文化阵地建设,通过深化媒体合作,创新传播方式,推进互联融合,来构建体育宣传的大格局。具体而言,需统筹抓好多元化媒体平台的阵地建设,形成体育宣传工作的合力,以全面、深入地做好体育政策、体育赛事、体育改革等方面的文化传播与交流工作。

体育文化的国际交流,尤其是与东盟国家的交流,将有助于推动中国传统体育文化的国际化进程,为其赢得更广阔的发展空间,并使之成为被世界所认可的重要途径。体育文化的崛起,不仅象征着中国与东盟国家的蓬勃发展,更是体育文化多样性的有力体现。通过多元传播,我们可以有效促进各国之间体育文化、文明、友谊的和谐发展,推动各国体育文化的相互融合。在这一过程中,少数民族体育文化的发展也将得到有力推动,其独特魅力和价值将得到更广泛地认可和传播。最终,体育文化的传播内容将被各国所接受,成为世界的体育文化和人类共同的知识财富。

二、中国面向东盟国家的体育文化传播发展

(一)中国面向东盟国家体育文化传播者、媒介及内容

1. 体育文化的传播者

体育文化传播所需要的人可分为四部分:①官方体育领导者;②协会体育管理者;③体育爱好者;④运动员。这四个部分息息相关,都是共同完成体育文化传播的重要部分。官方体育领导者主要是政府机构及上级领导。协会体育管理者包括各个体育项目的体育协会。

体育文化的传播者是推动体育事业发展的重要力量,他们在不同层面和角度上,共同构建了一个丰富多彩的体育文化传播体系。

(1)赛事的成功举办离不开体育文化传播者的精心策划和辛勤付出。他们是赛事的推广者和组织者,通过精心策划和组织各类体育活动,将体育文

化的魅力展现给世界。他们的努力不仅为赛事的成功举办提供了有力保障，更通过赛事这一平台，促进了各国之间的体育文化交流，展示了我国的实力和风采。

（2）协会体育管理者在体育文化传播中扮演着至关重要的角色。他们协助官方体育领导者制定和执行各项方案，确保体育活动的有序进行。随着体育赛事的不断发展，协会的数量也在不断增加，他们与媒体、商家等各方紧密合作，共同推动体育文化的传播和发展。

（3）体育爱好者也是体育文化传播的重要力量。他们通过观看比赛、参与体育活动等方式，积极传播体育文化，带动周围人群对体育的关注和热爱。他们的热情和参与，不仅促进了体育产品的销售的热潮，更为体育文化的普及和推广注入了新的活力。

（4）运动员作为直接参与体育项目的一员，他们是最直接的体育文化传播者。他们的精湛技艺、拼搏精神和良好形象，都是体育文化的生动体现。没有运动员的参与，比赛将无法进行，体育文化的传播也将失去最重要的载体。

2. 体育文化的传播媒介

体育场地器械作为体育文化传播的物质基础，对于赛事的举办具有决定性的影响。场地的规模、设施以及特色，都直接关系到赛事的吸引力和影响力。例如，现代化的体育馆不仅是体育赛事的举办场所，更是城市文化的重要标志。其独特的设计和建筑风格，使得人们在参观、使用时能够深刻感受到体育文化的魅力，进而通过社交媒体等渠道进行传播，达到宣传的效果。

除了场地，体育器材也是体育文化传播的重要媒介。大量的体育器材采购不仅促进了经济文化的流通，也通过其独特的设计和功能性，展现了体育文化的多样性和创新性。这些器材在使用过程中，不断地向大众传递着体育文化的信息和价值观，从而拉近了体育文化与人类之间的距离。

大众传播工具在体育文化传播中同样发挥着不可或缺的作用。通过电视、广播、报纸、网络等媒介，各类赛事得以广泛传播，吸引了大量观众的关注和参与。这些媒介通过不同的形式和内容，将赛事的精彩瞬间、运动员的拼搏精神以及体育文化的内涵展现给大众，使得体育精神得以传承和发扬。

3. 体育文化的传播内容

体育文化的传播内容，作为文化传递的重要组成部分，其深度和广度均体现了体育精神的丰富内涵。传播，作为这一过程的核心机制，它涉及了信息的发源、传递、接收与反馈等多个环节，共同构建了体育文化的多维传播体系。

在探讨体育文化的传播内容时，先需要关注的是体育项目的起源与发展。每一种体育项目都承载着深厚的历史与文化底蕴，它们的起源往往与地域、民族、历史紧密相连，而它们的发展则反映了时代的变迁与社会的进步。通过传播这些项目的起源与发展，我们不仅能够深入理解体育文化的内涵，更能够感受到体育与人类文明的紧密联系。

此外，体育文化的传播内容还应包括各项目的现状与意义。随着全球化的推进和科技的进步，体育项目也在不断创新与发展，其现状反映了当代体育的多元化与国际化趋势。同时，体育项目所蕴含的精神内涵，如团结、拼搏、进取等，对于提升人们的道德品质、培养健康的生活方式具有重要意义。因此，传播体育项目的现状与意义，不仅有助于推广体育项目本身，更能够提升人们对体育文化的认知与理解。

中国与东盟国家共同举办的体育项目，正是体育文化传播内容的重要载体。这些项目不仅丰富了体育文化的内涵，也促进了中国与东盟国家之间的文化交流与友谊。通过传播这些项目的起源、发展、现状与意义，我们能够更好地理解体育文化的多样性与包容性，进一步推动体育文化的交流与融合。

（二）中国面向东盟国家体育文化传播的方法

1. 政策引导与战略合作

（1）签署体育文化交流合作协议。政策引导与战略合作是推动中国与东盟国家体育文化交流与发展的重要手段。在这一过程中，签署体育文化交流合作协议显得尤为重要。通过政府间的深入协商，双方能够达成共识，明确合作的目标、内容和方式，为体育文化的传播提供坚实的政策保障和支持。这种合作协议不仅有助于消除体育文化交流的障碍，还能为双方提供更为广阔的合作空间和机遇。此外，合作协议还能加强双方在体育领域的沟通与协调，提升合作效率，共同推动体育文化的繁荣发展。因此，签署体育文化交流合作协议是加强中国与东盟国家体育文化交流与合作的必要举措，具有重要的现实意义和深远的历史影响。

（2）举办体育文化交流活动。政策引导与战略合作在推动中国与东盟国家体育文化交流中发挥着举足轻重的作用。其中，定期举办体育文化交流活动，如体育赛事、文化展览、论坛等，为双方提供了直接且有效的交流平台。这些活动不仅有助于增进双方对彼此体育文化的了解与认同，更能通过实际互动促进体育文化的深度融合。同时，活动的举办也进一步拓宽了体育文化传播的渠道，提升了体育文化的国际影响力。因此，政策层面应继续加大对体育文化交流活动的支持力度，通过战略合作的深化，共同推动中国与东盟国家体育文化的繁荣发展。

2. 教育普及与人才培养

（1）加强体育教育合作。教育普及与人才培养在推动中国与东盟国家体育文化交流中占据重要地位。其中，加强体育教育合作尤为关键。通过与东盟国家的教育机构深入合作，共同开展体育教育交流项目，能够有效促进双方体育教育的互补与共同发展。这种合作不仅有助于培养具有国际视野的体育人才，更能推动双方在体育教育理念、方法等方面的创新。同时，体育教育合作的深化也有助于增进双方对彼此体育文化的理解与认同，为体育文化的传播奠定坚实基础。

（2）开展体育文化交流培训。教育普及与人才培养是推动中国与东盟国家体育文化交流的关键环节。在这一进程中，开展体育文化交流培训活动显得尤为重要。通过组织针对性地培训，双方能够深入学习和了解彼此体育文化的内涵与特色，从而增进相互之间的认知与理解。这种培训活动不仅有助于提升双方在体育文化领域的专业素养，更能促进文化互鉴，推动体育文化的创新与发展。因此，加强体育文化交流培训，提升双方人才在体育文化领域的专业素养，对于深化中国与东盟国家的体育文化交流具有重要意义。

（三）中国面向东盟国家的体育文化传播发展对策

1. 传播中国体育文化故事

中国体育文化的传播，是一个从封闭走向开放、从自我走向多元的过程。在这一转变中，人们见证了与东盟国家体育文化的深度交融与互相影响。要实现体育文化的有效传递，关键在于提升体育教师队伍的文化素质。教师队伍作为体育文化传播的主力军，必须具备高度的文化自觉和拼搏奉献精神。他们应以祖国至上为信念，将爱国情怀融入日常教学的每一个环节。同时，体育教师应以身作则，通过自身行为和言传身教，潜移默化地影响学生的体育意识和行为习惯。这样，中国体育文化的故事才能在东盟国家得到更好地传播与理解，进一步推动两国间的文化交流与友谊深化。这样的传播方式，不仅具有深远的文化价值，也为构建更加和谐共生的国际体育环境提供了有力的支撑。

2. 提升体育文化传播质量

提升中国—东盟国家的体育文化传播质量可以从以下方面进行：

（1）政府的支持，可以加大传播数量。

（2）营销策略。体育文化营销策略可以直接影响社会的人和事，运用赞助和代言，提高体育文化品牌的知名度和形象，达到宣传该文化的效果。

（3）与媒体合作。媒体传播是速度最快、最有效的、范围最广的方法，是一种重要的媒介，也是对中国—东盟国家的体育文化传播最有效的方法。

（4）重视体育人才的培养。体育人才的思想政治教育、文化教育，广泛培育体育文化工作所需要的各方面、各层次人才等，引导体育文化工作持续。

3. 开展体育文化品牌活动

体育系统应紧密结合体育工作的实际需求，始终将人民的需求置于首位，致力于创建体育文化作品的精品工程。在此过程中，应积极与体育部门、机构、体育艺术团体、艺术家、体育明星及体育影视演员等展开深入合作，广泛动员社会力量参与，共同打造富有内涵、充满温度的体育文化产品。

在政策的引领下,结合市场驱动和跨界合作的力量,应鼓励全民参与,推动中国体育文化和中东博览会等品牌活动的改革创新。以此为契机,各级体育部门应进一步加大对本地体育文化资源的普查力度,举办体育文化论坛,深化与本地文化、音乐、旅游、美术等单位的合作,充分挖掘其文化价值。同时,还需积极培育体育时代精神,持续推动本土特色体育产品品牌的打造,为构建良好的社会环境贡献力量。

4. 创建体育文化传播资源管理与保护机制

(1) 创建中国—东盟国家的体育文化传播资源数据收集平台。先创建体育文化传播数据库,可以显示出中国—东盟国家合作的信息,也为工作人员减少了复杂的工作量;体育文化数据库的收集主要针对的是少数民族项目,平台的创建可以加强各国的文化交流,也是对那些遗漏的少数民族项目的一种特殊保护;创建平台有利于各国体育文化的发展。

(2) 建设体育文化保护机制。对一些少数民族的体育项目应该进行深度挖掘,并不断保护传承,培养一些保护传统体育文化的管理人员和研究人才专人专护,专人专研。

(3) 整合体育节日文化资源发挥中国—东盟国家的文化优势,让各单位、部门协会组织体育节日文化活动,选择一些有特色的项目,进行整齐划一的规划,提高各国的节日效应。

(4) 建立中国—东盟国家的体育文化传播基金会,可促进各国体育文化发展。这个资金一部分是政府投入,用于体育文化交流和颁发奖项。另一部分是社会资金的注入,筹备体育文化传播交流所需资金。

(5) 政府机构需要组建社会协会组织,才能促进中国—东盟国家的体育文化传播,才能搭建友好发展的桥梁。

第三节　中国—东盟体育文化融合发展的背景依据

一、中国—东盟体育文化融合发展的理论构建

（一）中国—东盟体育文化融合发展模式

中国—东盟体育文化融合发展模式，作为一种解决文化交融问题的标准化路径，不仅涉及方式方法的选择，更涵盖了道路的指引。它如同编织一幅复杂的文化图景，既要确保各自体育文化的独特性和连续性，又要促进文化元素的交融与新生。这一过程，不仅是对传统文化的尊重与传承，更是对文化创新的有力推动，为区域乃至全球的文化多样性贡献了中国与东盟的智慧与力量。

在文化融合的大背景下，中国—东盟民族体育文化的发展，应当基于文化社会学的深刻洞察，同时结合双方文化的具体特点与差异。通过深入分析文化差异的实际状况，结合文化差异与融合的理论指导，可以提炼出融合的原则、要求、方式与方法，从而构建出符合双方实际需求的融合发展模式。

在这一模式下，双方应秉持开放包容的态度，主动寻求文化交流的机遇，通过体育文化的交流与合作，实现文化的相互借鉴与共同提升。同时，也应注重传承与创新并重，既要深入挖掘各自体育文化的精髓，又要在此基础上进行创新与发展，使民族体育文化在融合中焕发新的生机与活力。

（二）中国—东盟体育文化融合发展流程

中国—东盟体育文化的融合发展，作为一种跨文化的交流现象，已经超越了单一文化发展的局限，在"交流—冲突—融合—发展"的循环过程中不断实现自我完善。这一过程不仅促进了文化多样性的丰富，也推动了体育文化的创新与发展。在这一融合发展的模式中，文化差异是起点，也是动力。中国—东盟各民族体育文化各具特色，正是这些差异性的存在，为双方提供了交流互鉴的广阔空间。通过文化交流活动，双方能够增进理解，减少误解，为进一步的融合创造有利条件。交流是融合的前提。在平等、开放、包容的原则下，中国—东盟体育文化的交流日益频繁，形式也更加多样。无论是体育赛事的举办，还是文化论坛的召开，都为双方提供了深入了解彼此文化的机会。融合是发展的目标。在交流的基础上，中国—东盟体育文化开始逐步融合，形成了一种新的文化形态。这种新文化既保留了各自文化的精髓，又吸收了对方的优秀元素，呈现出一种独特的魅力。然而，融合并不意味着终点，而是新的起点。新文化的形成，又会产生新的文化差异，这些差异又会成为新一轮交流的动力。如此循环往复，中国—东盟体育文化在不断发展中实现了自我更新和升华。

因此，实施"文化差异—交流—融合—新文化—新差异—新融合"的循环融合发展流程，对于保障中国—东盟民族体育文化的可持续传承发展具有重要意义。这一流程不仅符合文化发展的客观规律，也体现了双方在文化交流中的积极态度和开放精神。

1. 文化差异

中国—东盟体育文化，其历史脉络深远且绵长，物质层面的表征尤为显著。这一体育文化的形成，并非源自单一的文化背景，而是多个文化起源点相互交织、影响，共同编织出了一幅独特而丰富的文化图景。在辽阔的地域内，这种体育文化广泛分布，几乎涵盖了整个中国—东盟的地理范围，其内容之丰富、形式之多样，无不彰显着其深厚的文化底蕴。

在制度层面，中国—东盟体育文化展现出了多样化的风采。不同民族和地区拥有各自独特的体育文化运行制度，这些制度不仅确保了体育活动的有序进行，更是各民族文化特色的生动体现。同时，体育文化的传承与发展方式也呈现出多元化的趋势，既有传统的口传心授方式，也有现代化的教育和传播手段，共同推动着体育文化的传承与创新。

精神层面，中国—东盟体育文化更是蕴含着深厚的文化精髓和丰富的精神内涵。这种体育文化不仅承载着各民族的历史记忆和文化传统，更体现了人们共同的价值追求和精神风貌。尽管各民族或地区的体育文化价值观存在差异，但它们都共同指向了对和谐、健康、积极向上的生活的向往与追求。

文化交流与融合对于中国—东盟体育文化的发展具有举足轻重的作用。

文化差异不仅为双方的文化交流提供了丰富的素材和动力，更促进了体育文化在双方的深度融合与发展。这种交流与融合不仅符合文化发展的自然规律和内在逻辑，也为双方的文化互鉴与深入合作提供了坚实的基础。通过持续的交流与融合，中国—东盟地区的体育文化得以不断繁荣与创新，为整个地区的文化发展注入了源源不断的活力。

2. 交流

在全球化浪潮的推动下，中国与东盟国家在体育文化领域的交流日益深化，展现出深厚的历史底蕴和广阔的发展前景。随着文化需求的日益增强以及现代交通、通讯技术的飞速发展，双方体育文化交流已突破地域限制，从边境地区的局部交往拓展至整个马来群岛地区的广泛互动。这种交流不仅是文化关系发展的重要纽带，更是推动双方体育文化融合的关键环节。

在已有的交流基础上，应积极创造更多有利条件，开展更为广泛和深入的拓展活动。通过加强体育文化交流项目的设计与实施，促进双方在文化认知、价值观念等方面的相互理解与尊重。同时，注重发挥民间力量的作用，鼓励更多社会组织和个人参与到交流活动中来，形成政府引导、民间参与的多元交流格局。

在交流过程中，应努力实现跨文化传播、文化适应和文化整合的目标。通过创新交流方式、丰富交流内容，使双方体育文化在交流中相互借鉴、相互融合，形成独具特色的文化交融现象。这将有助于增强双方文化的互补性，提升各自文化的软实力和国际影响力。

最终，通过双方共同努力，实现体育文化的深度融合，让双方在交流中共同焕发出新的活力与光彩。这不仅有助于推动双方文化的繁荣与发展，也将为构建更为紧密的中国—东盟命运共同体注入新的动力与活力。

3. 融合

在人类文化的长河中，历经岁月的洗礼与积淀，中国—东盟体育文化已步入融合发展的新时代。这一融合进程，旨在通过积极创造条件，推动文化的深层次交流与互动，进而实现更高效地发展。文化融合并非一蹴而就，它往往起始于个别文化要素的交融，逐步拓展至文化内容的各个层面与维度。

因此，在中国—东盟体育文化的融合之路上，需要循序渐进，由形式至内容，由简单至复杂地逐步推进。

具体而言，物质层面的融合是基础。双方应积极引进对方的体育项目，包括场地器材及人力资源等，从而为双方的交融与合作提供坚实的物质基础。在制度层面，相互借鉴各自体育的开展模式、运行机制和竞赛规则，确保体育活动与竞赛能够有序、高效地进行。而更为关键的是精神层面的融合。在物质与制度融合的基础上，双方应深入理解和尊重彼此体育的文化内涵、价值追求与功能定位，积极主动地开展精神层面的交流与借鉴，以期在最高层次上实现文化的融合与创新。

这一融合发展的过程，不仅有助于丰富和拓展双方体育文化的内涵与外延，更能够推动双方在文化领域的深度交流与合作，共同促进体育文化的发展与繁荣。通过这一流程，中国—东盟体育文化将不断焕发新的活力，为人类文化的多元共生与和谐发展贡献积极力量。

4. 新文化

中国—东盟体育文化融合发展，实质上是一种多元文化的深度交流与相互借鉴，进而实现文化创新的过程。在这一流程中，不同民族、不同地域的体育文化元素相互碰撞、交融，共同塑造出一种既包含各自特色又超越原有形态的新型体育文化。这种融合并非简单的文化叠加，而是在相互理解、相互尊重的基础上，通过深入地交流与互动，实现文化元素的重新组合与创新。

从学术视角来看，中国—东盟体育文化的融合发展，体现了文化交流的广泛性与深入性。双方通过体育赛事、文化交流活动等渠道，促进了体育文化的相互了解与借鉴。在这一过程中，各自的文化特色得以保留与传承，同时也吸收了对方的优秀元素，实现了文化的互补与共生。这种融合不仅丰富了双方的文化内涵，也提升了体育文化的创新力与影响力。通过融合，新型的体育文化形态得以诞生，为双方乃至全球的体育事业发展注入了新的活力。同时，这种融合也促进了中国与东盟国家之间的友好关系，为双方的文化交流与合作奠定了坚实的基础。

因此，中国—东盟体育文化融合发展流程是一个积极正向的过程，它体现了文化交流的深远意义与价值。在未来的发展中，双方应继续加强体育文化的交流与合作，推动体育文化的深度融合与创新发展，共同为世界体育事业的繁荣与进步作出贡献。

5. 新差异

中国—东盟体育文化作为多元文化的交汇点，既展现了双方文化的深厚底蕴，也凸显了文化融合与创新的动态过程。在长期的互动中，双方民族体育文化汲取了彼此的精华，孕育出了一系列新的文化形态。然而，这种融合并非简单的文化趋同，而是在保持各自特色的基础上，实现了文化元素的互补与共生。

文化形成的条件多种多样，自然地理环境、人文社会环境、民族历史传统以及人们的需求层次和心理结构等因素，都在不同程度上塑造了各自独特的体育文化。因此，尽管中国—东盟体育文化在融合过程中表现出一定的共性，但文化差异和矛盾仍然是不可忽视的。这种文化差异不仅体现在具体的体育项目上，更体现在文化内涵和精神层面的差异。以龙舟赛为例，虽然中南半岛的龙舟赛已经与世界龙舟赛接轨，但在赛事的具体实践中，仍然保留着浓厚的当地信仰文化色彩。这种与当地文化的紧密结合，使得龙舟赛在形式上虽然趋于一致，但在文化内涵上却呈现出鲜明的地区特色。同样，马来武术与西方拳术融合而成的班卡苏拉、东盟马来地区的斗鸡以及越南高水平毽球等体育项目，也都是文化融合与创新的生动例证。这些项目在融合过程中，既保留了原有的文化元素，又吸收了新的文化因子，从而形成了独具特色的体育文化景观。

因此，可以说，中国—东盟体育文化在融合与创新的过程中，既展现了文化的共性，也保留了文化的个性。这种文化差异不仅丰富了双方的体育文化内涵，也为双方的文化交流提供了更多的可能性。在未来的发展中，双方应继续加强文化交流与合作，推动体育文化的进一步融合与创新，共同构建更加丰富多彩的文化体系。

6. 新融合

文化的交流互动与融合创新，是文化发展的核心驱动力，对于促进人类社会与文化的持续进步具有不可或缺的作用。在中国与东盟国家体育文化的融合发展中，清晰地观察到这一文化循环的动态演绎。随着双方交流的日益加深与融合程度的不断提高，一种新型的中国—东盟民族体育文化正悄然兴起，它既展现了各自文化的独特魅力，又凸显了彼此间的共性特征。

在这一进程中，文化差异不可避免地浮出水面，成为文化交流的自然产物。然而，面对这些差异，更应秉持开放包容的态度，通过积极的对话与深入地理解，不断推动文化的进一步融合与发展。这种"文化差异—交流对话—融合创新—形成新文化—揭示新差异—再融合"的循环模式，不仅促进了中国—东盟体育文化的持续进步，而且为其长远发展奠定了坚实的基础。

通过这一循环模式的不断运转，中国—东盟体育文化得以在交流中发展，在融合中创新，共同书写着人类文化进步的新篇章。这不仅展示了文化多样性的独特价值，也彰显了人类文化发展的长远视野与广阔前景。

二、中国—东盟体育文化融合发展的原则与要求

（一）中国—东盟体育文化融合发展的原则

1. 遵循文化发展规律

（1）遵循文化多样性原则。文化多样性作为业界广泛认可的文化特质，在全球化浪潮汹涌的现代社会中，其状态正经历着深刻的变化。中国—东盟体育文化的多元化发展，不仅契合了文化多样性的内在规律，也体现了该地区文化多样性的现实需求。经济文化的全球化进程，尽管可能导致主流文化对弱势文化的侵蚀，看似一些非主流文化被同化或消失，但实际上，这也是文化新生与演变的契机。文化的多样性发展，依然是不容忽视的事实。因此，在中国—东盟体育文化的融合发展过程中，必须坚守文化多样性的原则，确保融合过程不是简单的文化"扼杀"。要在传承优秀文化的同时，不断创新和创造，使体育文化在全球化的大潮中依然保持旺盛的生命力，与现代经济和信息社会相适应，焕发出新的光彩。

(2) 遵循文化平等原则。应建立不同文明之间互惠式相互依赖关系，追求文化的平等权利。总体上，大国文化、世界大范围流行的文化都能称为主流文化，反之为弱势文化，在文化接触和冲突中，往往出现地位不对等的客观现实。虽然中华民族一直追求和传承着和平、和睦、和谐的坚定理念，但中国与东盟比较，毕竟是大国与小国之间的关系。在政治心理方面，存在的主要差异是大国与小国的心理自尊心差别，同样，也存在大国与小国之间文化心理自尊心的差别。因此，中国—东盟体育文化融合发展的平等性原则，应以尊重东盟地方文化为首要任务。

(3) 遵循文化发展趋势。世界文化不断地进行接触、碰撞，开展融合发展，是世界文化发展的总趋势。在进入信息时代的当前，交往融合的思想意识更为增强、信息更为畅通、行为更为便利、效果更为显著，催生了文化全球化的现实。中国—东盟体育文化的融合发展，要适应和符合这些趋势。世界文化发展存在一些较为突出的动向：一是文化的和平发展是主流，体现在平等平和与稳定性等方面；二是不良文化思潮对世界文化秩序的干扰和利用仍然存在；三是文化全球化背景下地方特色文化生长诉求的矛盾更为凸显。中国—东盟体育文化的融合发展，首先是要符合世界文化发展的总趋势，融合发展是中国—东盟体育文化发展永恒的主题；其次要避免不良文化发展思潮的动向，选择正向文化的发展动向。

中国—东盟体育文化依托文化而传承发展，其开展过程中要警惕被极端主义者所利用，因此，中国—东盟体育的融合发展，要避开不良文化思潮的干扰和利用，选择符合世界文化潮流的发展动向。

2. 全面性

体育文化包括物质、制度、精神层面，中国—东盟体育文化的融合发展，需要从这些层面切实全面地开展。

(1) 体育文化的物质层面，是体育文化的活化石，是制度层面和精神层面文化的基础，它能有效保障体育文化传承的真实性，在现实中极为宝贵，在彼此的融合发展中，应作为首要的内容，在融合发展的现实中，主要包括：一是民族体育使用的场所和器材用具，二是民族体育活动的内容和动作技术方法。

（2）体育文化的制度层面，作为确保民族体育内容得以顺利进行的基石，扮演着连接中国—东盟民族体育融合发展物质层面与精神层面的关键角色。在融合实践中，这一层面主要涵盖两大方面：一方面，它涉及对中国和东盟民族体育各项文化内容实施的具体规则、要求、时间、空间以及限制范围等方面的明确规定。这既包括对那些已经通过长期实践形成惯例的规定的遵循，也包含对明文规定的严格执行。另一方面，制度层面还关注中国—东盟在推动体育文化融合发展过程中所建立的关系框架。这包括制定常态化的交流机制、签署合作发展协议，以及共同构建的体育互帮互助办法等，旨在促进双方更为紧密和高效地合作。

（3）体育文化的精神层面，主要是基于体育文化价值观的实现状态而体现，也是中国—东盟体育文化融合发展的最高层次，主要包括东盟国家本土的基于农耕文明价值观的精神追求、来源于宗教文化价值观的精神信仰、来自西方国家价值观的精神寄托，包括代表中国传统价值观天人合一、儒释道等精神价值观的现代创新应用，这些复杂的精神内容和要素，是实现融合发展的最终目标。

3. 尊重各地本土文化与习俗

在开展与东盟国家体育文化融合发展中，尊重当地的本土文化和习俗是最基本的要求。根据东盟地方文化和习俗的特点，对体育影响较大的本土文化主要有宗教信仰、民间社交礼仪、生活观念等，在开展体育文化融合发展中，要充分考虑这些文化习俗的要求，才能顺利融合并收到更好的效果。因此，在中国—东盟体育融合发展中，应尊重东盟各国与各区域的传统文化，在体育文化融合的过程中，以求同存异的态度，理顺融合发展过程中的各种关系，以传承发展世界优秀体育文化、发挥其为人类服务的功能为目标，相互吸收各种体育文化的优点，在传承发展中不断创造适合现代全球化社会所需的优秀体育文化。

4. 适合东盟文化的实际

（1）东盟文化整体多样而又局部统一的实际。东盟是业界认可的多文化地区，体现在其是由多种文化组成的，不存在严格意义上统一的一种文化；但东盟文化又是局部相对统一的文化。信仰和区域文化的固有特点，是对当地社会发展具有重要影响的因素，因此，可以以大众的信仰和区域文化特点将东盟各国的文化特征进行大致的划分，采取不同的态度对文化开展相应的融合发展。东盟文化这种整体多样而又局部统一的实际，在融合发展中既要整体多样地开展，又要适合佛教、基督天主教和儒释道文化态度的多样整体要求，避免有所偏废。又要遵守局部的统一，如要避免在一种文化圈中推行其他有文化冲突的文化融合，而需要在文化融合达到一定层次后，再推行更广泛的融合，即不能一蹴而就，需要分步开展文化融合。体育文化是东盟文化的组成部分，其交融发展只有适合这些文化实际，才能取得预期的效果。

（2）东盟文化发展灵活性的实际。自然地理因素是决定文化状况的基础，相对于中国而言，东盟各国国土不大，也决定其文化根基不够扎实和深厚。考察东盟各国的文化发展历程，也能体现其整体文化较为薄弱、容易受外来文化干扰的现实，也表明东盟文化易于吸收外来文化、可塑性强、文化发展灵活的实际。在近代，东盟长期传承多种地方文化：一始于11—15世纪，东盟各国都吸收了印度文化、中国文化和阿拉伯文化，佛教总体上处于统治地位；二是于16—19世纪，基督教、伊斯兰教等在马来群岛诸国中不断取代佛教占据统治地位，而中南半岛各国或是区位临近印度的原因，佛教一直处于统治地位；三是中国文化进入东盟各国后，随东盟与中国的地理位置和当地华侨的规模而有所区别，以新加坡的华人数量最多，中国文化的影响也最大，而后是比邻的越、老、缅三国，中国文化仍具有一定的影响力。另外，泰国国土相对较大，文化基础也相对较深厚，其传承本土文化也较为稳固。以上东盟文化灵活性的实际，为中国—东盟体育文化的融合发展提供了便利，在开展融合的实践中，需要考虑并加以利用。

（二）中国—东盟体育文化融合发展的要求

1. 系统观要求

中国—东盟自由贸易区建设和"一带一路"倡议是庞大的系统工程，需要运用系统观的策略，协同推进中国—东盟在各方面的融合发展。然而，在深入分析中国—东盟体育融合发展的实践后，发现系统观的运用尚显不足。例如，外交资源、经济合作条件等有利因素尚未充分发挥其在促进体育融合发展中的桥梁作用。同时，开展的体育调研、理论研讨、竞赛组织等形式的融合发展活动，也未能真正融入区域发展的整体系统之中，这表明中国—东盟区域在各方面的联动机制仍有待加强。

为了实现区域内全方位、立体交叉的融合发展大局，需要将外交共识、已建立的经济合作地域、社会团体联系基础、文化交往组织机构等不同层次和行业的内容有机整合，构建一个中国—东盟联动的系统。

2. 建立体育融合发展的机制

（1）建立政策保障机制。一方面，区域间的体育文化融合发展，除了自身能力之外，很大程度上要取决于政府的政策支持；另一方面，政策保障体系是促进体育产业交流合作发展的助推器，如越南政府实施新的外商投资法，为外商到越南投资创造了更为宽松的投资环境和便利条件。越南新的外商投资法实施后，就有广西的体育企业与越南企业组成联合公司，开拓越南体育用品市场，并按规定越方占55%控股权。当前，中国（广西）与东盟及其各国签订了双边体育合作项目或包括体育合作内容的文件，成为中国—东盟体育文化合作发展的有力政策保障。但也存在部分已签订的协议缺乏操作点，或缺乏后续支持，致使出现许多合作项目无法迅速推进和实施的现象，需要建立相应机制保障其运行。

（2）建立协调机制。强化中国与东盟国家在体育文化领域的交流与联系，对于深化双方全面合作具有重要意义。当前，体育文化交流与合作正日益成为推动区域一体化的新动力，因此，提升对体育合作的组织领导水平，实现传统体育项目协会和体育组织的有机整合，构建一个综合化、系统化的体育合作体系，显得尤为迫切。然而，中国与东盟国家在高层体育管理层面尚未形成专门的体育文化融合发展机制，这在一定程度上制约了体育文化合作的系统性和深入性。尽管过去有高校等机构与东盟国家开展了体育教育与训练的合作，但这些合作往往基于局部和短期的利益考虑，缺乏长远的规划和统一的指导，因此效果有限。

鉴于此，建立一个专门的机构来统筹和协调双方的体育文化交流与合作显得尤为必要。这样的机构应能够在政府层面推动各项合作措施的落实，整合各部门的资源，促进跨部门、跨团体的协作，确保体育文化合作能够朝着共同的目标稳步前进。通过这一机构的建立，不仅能够提升体育文化合作的效率和质量，还能够为深化中国与东盟国家的全面合作注入新的活力。

（3）建立宣传机制。充分发挥传播媒介功能，提高融合发展效率。科学技术是第一生产力，在现实应用中，传播媒介是现代科技应用中较为领先的领域之一，加强文化与科技的深度融合，是提高文化融合发展效率的重要途径。因此，不仅要着力于改革文化的生产、储存和表现形式，更要着手于文化传播、交流和体验方式的创新。就中国—东盟体育文化交流而言，传统交流媒介在双方体育文化交流实践中应用广泛且根深蒂固，而新媒体尚未受到重视，因此，既要继续发挥传统媒介的广泛基础作用，也要利用基于传统媒体的数字传播技术，还要利用基于移动网络的自媒体传播技术打造综合性、立体化和全方位的体育文化交流媒介体系，形成体育文化交流媒介的合力。

（4）建立条件保障机制。

第一，建设必要的活动场所。体育的活动场所，是融合发展的最基本条件。为中国—东盟体育更能便利开展交流融合、提高其影响力和知名度，在现有基础上，仍可以从两方面建立融合发展的场所保障。一是保障现有体育场所能为中国—东盟体育交流使用，可以将现有场所进行授牌确认，作为交流基地荣誉的方式，将一些临时性的用于举办中国—东盟体育交流的体育场进行授牌，以增强其使命感与责任心，方便交流需求中的使用，特别是便于民间层面交流的使用。二是在建立中国—东盟经济合作项目的园区基地中，配套建立相应的体育融合交流中心。为加强交流活动场所的建设，可以依托不同地方的自然条件、政府及企事业单位的有利资源条件，建设中国—东盟体育交流基地。

第二，建立经费保障。东盟的多个国家长期以来经济发展缓慢，在目前东盟各国对体育交流资金投入不足的情况下，应借鉴当前中国与西方国家体育文化合作的模式，以政府相关部门为主导，充分利用国际组织、非政府组织和民间社团的力量,以体育发展基金会的形式共同推动多元文化交流。资金的来源一是政府财政的投入;二是政府要引导和支持社会资金参与;三是要积极争取现有交流基金会支持,可申请中国—东盟投资合作基金和信贷资金,扶持中国—东盟体育产业项目,由相应的体育产业项目支撑所需资金。体育合作项目资金管理由基金会直接负责,基金会应规划设计出各类定期交流活动,如组织中国与东盟国家民间体育文化团体的互访活动,重点资助、扶持一些重要的体育合作项目等。

第三,建立人才保障。专门的体育人才,是开展双方体育交流活动的基本条件,因此,需要培养东盟体育项目的教练员、裁判员,为开展相关的交流和竞赛提供人力保障。需要选派相关专业的人员前往东盟学习进修,或在国内有规划地开办相关专业人员的培训班,也需吸收东盟各国人员前来培训学习中国体育的内容,双向培养以教练、裁判为主的专业人员,以满足中国—东盟开展体育文化融合发展的需要。

3. 重视融合发展平台的构建利用

(1) 政策平台。政治外交的政策平台是区域合作的最基础条件。当前,在中国—东盟自由贸易区背景下,要重视现有政策平台的利用,在此基础上,再出台新的便民政策。一是从国家外交的层面,各国出台对体育合作交流的支持政策,放宽对各层次交流的审批,使合理合法的体育交流的申办手续能尽快得到批准实施;二是各国对出入境参加体育交流活动人员,建立相关的档案,简化和放宽签证办理手续,便于更多人员能跨境参加;三是在办理出境旅游签证中,对参加体育旅游者给予时间上的优惠;四是在相关法律保障的基础上,各地制定相关的管理办法,对跨国参加体育交流活动的境外人员提供专门服务和保护,如提供语言翻译服务、兑换外币服务、文化信息服务、体育文化知识产权保护等,消除异国人员参加体育交流的后顾之忧。

(2) 赛事平台。为保障多种交流形式以及在多地区举办的平衡性,避免体育文化传承的缺失,应创新赛事模式,将赛事的开展提升到传承发展平台的层面,统筹赛事在国内外交流的份额,成为总体传承发展平台的组成部分。要优化赛事的结构,可以与其他融合交流方式共享资源,通过引进社会力量实行市场化承办赛事、厉行节约的原则、认真管理等措施，多方缩减赛事使用的公共资源，作为构建赛事平台的基础。另外，应将东盟国家的赛事纳入平台中，扩大中国队伍参加东盟国家的赛事的数量，重点扭转国内的赛事与东盟国家的赛事安排脱节的状况。应充分利用中国—东盟自贸试验区合作的平台，加强与东盟国家组织体育活动机构的联系，使相应的赛事能规划成为一个整体，避免重叠与遗漏，通过平台开展常态化赛事。

应发挥中国和东盟各地构建起来的多种体育赛事平台的优势，通过扩大宣传、精心组织、努力提供所需物质条件等办法，组织吸引更多的队伍参加，特别是创造条件便于主办国以外国家的队伍参赛，保障体育竞赛形式和内容的有效传承。

（3）教育平台。在现代社会中，教育作为文化传承与发展的重要途径，扮演着举足轻重的角色。因此，增加体育文化教育的种类并扩大东盟参与国家的范围，是当前教育方式发展的核心任务。具体来说，应首先拓宽教育合作的领域。特别是在我国体育文化内容丰富的地区，以及东盟国家体育活跃的区域，建立教育合作平台至关重要。这不仅有助于体育文化内涵的传承，更能推动双方文化的交流与融合。此外，还应努力扩大教育合作的规模。这意味着要将教育合作延伸到更多的高等学校和中等教育学校，不仅限于学历教育。例如，可以在一些高校或教育机构设立体育基地，通过短期培训的方式，为临时性或急需的培训提供便利条件。这种方式与学历教育相辅相成，共同构建了一个完善的体育文化教育平台。

教育作为传播文化的高效且规范的方式，对于体育文化的区域传播具有重要意义。为此，应充分利用已构建的教育平台，实现体育文化的广泛传播。具体而言，可以通过学历教育合作平台，系统地传播体育文化，涵盖从理论到实践、从娱乐活动到竞赛活动的全方位内容。这样的传播方式，有助于确保体育文化在传播过程中保持其完整性和系统性。此外，还可以利用短期培训平台，通过互派人员的方式，配合体育赛事和节庆活动，开展针对性的技术技能和方法培训。这样的培训方式，不仅能够为各种竞赛、友谊交流及表演活动提供所需的人才，还能在传承发展体育文化的同时，推动其现代化转型和国际化发展。

（4）科研平台。在现有中国与东盟开展各种形式的体育科研、创造了多种研究条件取得了丰硕成果的基础上，应将这些资源整合起来，再利用自由贸易区建设的便利条件，在东盟各国建立一些体育文化的研究机构，共同建立专门的科研平台，为中国与东盟的体育文化传承发展提供服务。一是充实当前的研究机构，把研究机构延伸到地方学校及一些基层单位，吸收更多的研究者，并根据经济的增长水平增加经费的投入；二是建立中国和东盟体育的资源库，通过网络及其他途径传播，为各研究者提供体育文化相关的信息服务；三是中国与东盟联合创建体育科研机构，或吸收东盟国家参加已经在广西建立的科研机构，并创建学术期刊，为学术交流提供更为完善的平台；四是设立高级别的中国—东盟体育文化的专门研究课题，对课题给予经费资助，提升对区域体育文化研究的层次，得出更有效的成果，指导体育实现良性发展。

（5）体育资源数据库平台。为中国—东盟体育文化更好地融合与发展服务，应建设中国—东盟体育数据库平台。中国—东盟体育文化数据库平台的建设，一是要设计数据库的模块与构架，根据当前对东盟体育资源研究与实践的应用需要，在数据库平台下建立相应的资源模块，提供实际使用所需的材料形式；二是收集东盟体育文化的数据材料，可通过文献资料法在国内外的各大多媒体数据库及图书馆中进行收集，主要通过东盟国家的相关信息平台进行查阅收集。另外，可以通过实地调查进行采集，以了解和掌握其真实的第一手材料，也可以实地考察当地体育文化的资源。三是将数据进行加工处理。将实地采集和访问搜集的材料，变成电子的形式，并将这些形式的材料转换成与数据库系统兼容的格式。四是选择系统体系的结构和开发工具，创造运行条件、运行环境，并搭建数据库平台框架、前台模块设计、后台管理设计等。中国与东盟体育文化资源数据库平台，是科研平台的重要支撑，必须保障数据库的容量和使用的便利性，为广大的研究者调取数据材料所用。

4. 充分利用资源

(1) 政策和社会环境资源。中国—东盟体育融合发展需要的资源条件，包括外交关系、出入境政策条件、经济基础、民众互信、体育开展的场所等，其中政策条件和社会环境基础是交流融合的基本资源。中国—东盟体育的融合发展，已经具有较长的历程和一定的基础，拥有较为丰富的资源，在自由贸易区建设中，又建立了外交、政策、合作共赢等适应自贸区建设的资源，在"一带一路"倡议部署后，将有相关配套的政策资源应用于现实。要充分利用现代社会建立起来的外交关系和边境政策资源，如中国—东盟自由贸易区建设框架下，区域文化融合发展的政策条件，包括文化和体育交往发展的协议、平台给予的各种优待条件，各种外交联系、经济合作能附带的民族文化交流融合发展条件等。另外，也应该继续利用传统的融合发展基础、体育文化的同源性等资源条件，开展彼此的体育文化融合发展。

(2) 现有的融合发展基础资源。经过长期的交流接触，中国—东盟体育文化的融合发展已经具有了较强的基础，应该充分发挥这些基础作用，进一步带动和辐射双方的体育融合。如中国广西南湖的国际龙舟赛，每年都吸引多支东盟国家的龙舟队参赛，赛事的规模大、影响广泛，是对接东盟知名的赛项多、赛期长的龙舟赛。在该赛程期间，可以安排一些对接东盟国家的体育赛事与表演，如武术、舞狮、藤球、钓鱼等，以丰富龙舟赛期间的交流内容，更能促进双方体育文化的融合发展。另外，在东盟各国的泼水节、中国的春节、少数民族大型节庆等具有广泛体育活动基础的时机，也可以增加双方体育活动的交流开展，使中国—东盟体育文化能充分利用现有的交流基础，将常态的融合发展引入轨道。

(3) 华侨资源。早期东盟国家的华侨，为了尽快融入当地社会，获得认可，以及更好地生活和工作，他们不辞辛劳，积极开辟了多种与当地族群交流的渠道。在这些渠道中，举办和推广体育活动成为一种重要的方式。因此，经过华人华侨的长期努力，中国—东盟体育文化的融合已经实现了不同程度的进展。在当前中国—东盟区域融合发展的大背景下，应当充分利用已有的条件和基础，进一步发挥这些条件在促进体育融合发展中的积极作用。

（4）中国和东盟国家体育的不同优势。经过了长期的交流接触，中国—东盟体育文化的优势已经显现，主要体现在：中国体育文化基础深厚、融合发展主动性强；而东盟体育文化则灵活多样、融合性强、可塑性强等。应该发挥这些优势加强两者的融合发展。中国可以利用这一优势以主动的姿态，与东盟体育文化融合发展。东盟体育文化在传承发展中，有较强的吸收现代文化因子和异域体育文化的能力，在某些有一定优势的内容、环节、条件中也可以发挥主动性，实施与异域文化的融合发展。

（5）体育的共性。一是要充分发挥中国—东盟跨境民族的体育文化共性优势，开展两者的融合发展。尤其在边境地区，有大量的跨境民族族群存在，更要重视这一理论和方法，大力弘扬跨境民族的认同，促进当地体育的融合发展，体育文化的同源性能提供相应的认同。二是要发挥中国—东盟异域同质体育文化同质性优势，开展两者的融合发展。体育文化的异域同质特性，能为融合发展提供便利同质的异域体育文化之间，相互具有交流的条件，但由于天各一方在信息、交通、国家间的联系不够畅通的状态下，只能异域开展，一旦为之创造融合发展的外部条件，就能体现其便利性和高效性。

第四节　中国—东盟体育文化融合发展的方式方法

一、中国—东盟体育文化融合发展的方式

（一）两层次兼顾的融合发展方式

"两层次"是指国家及官方层次、民族民间层次。

1. 国家及官方的融合发展方式

虽然东盟各国的体制基本涵盖了当今世界全部的政治制度，但总体上仍呈现较为明显集权状态，官方对于体育文化开展与发展所需的资源有很强的掌控权。据此，中国—东盟体育文化交流融合的官方途径在现实中也得到扎实地应用。国家及官方形式，目标应定位在国家的层面，发挥其全民健身、

文化传承、促进经济文化交流与边境和谐稳定等宏观的社会效益；内容上应立足影响力大、开展普遍的跨国体育项目，如龙舟、武术、舞狮、民族舞蹈等；规格上应开展规模大、层次高、影响广泛的竞赛运动，或在高层次综合运动会中开展，与东盟各国共同努力，开发一些大型的体育运动会和单项赛事，并加大一些项目进入亚运会甚至奥运会的力度，使中国—东盟体育更充分地惠及世界。

2. 民族民间的融合发展方式

在中国与东盟各国的历史长河中，民间体育活动始终保持着紧密的交流与融合，当前这种融合发展的态势在中国与东盟国家间依然活跃。

民族民间的社会交流方式，不仅是融合发展的肥沃土壤，也是最能保持和传承优秀民族特性的形式。因此，它应当成为推动融合发展的重要模式，并值得对其进行深入指导和积极扶持。具体来说，首先要高度重视这种民族民间社会层次的融合发展，制定并执行相应的保障管理政策和规定，同时提供必要的资金支持。其次，充分利用现有的有利条件，推动民族民间社会层次的融合发展。比如，可以借助边境全民健身工程的实施，以及中国—东盟自由贸易区建设的全球化机遇，为融合发展创造更多可能性。最后，建立专门的基地，以促进这种融合发展。比如，针对壮族的歌圩，可以在广西壮族自治区南宁市武鸣区、田阳区设立敢壮山基地；对于京族的哈节，可以在广西东兴京族三岛建立基地；对于傣族的泼水节，可以在云南西双版纳、德宏州设立基地。同时，还应与东盟国家中相同或相近的民族建立对应的基地，共同推动融合发展的深入进行。

（二）两种机遇并用的融合发展方式

"两种机遇"是指节庆交往机遇和友好外交交往机遇。

1. 节庆交往融合发展方式

东盟这片土地上汇聚了数百个民族，每个民族都拥有自己独特的文化和传统，这使得东盟的节庆活动显得尤为丰富多样。这些节庆不仅与民族紧密相关，更成为人们生活中不可或缺的一部分。除了共有的传统节庆外，每个民族还保留着各自独特的节日，而各国也都有一些闻名遐迩的节庆活动，这些都为东盟的文化多样性增添了浓墨重彩的一笔。

在东盟的节庆中，民族体育是不可或缺的重要内容。无论是盛大的庙会、还是欢快的舞蹈，各种节庆活动都少不了体育元素的身影。"传统节庆像壮族的歌圩节、瑶族的盘王节和侗族的花炮节、傣族的泼水节等少数民族节庆活动，可以整合成中国与东盟民族传统体育交流的节庆活动，既有利于加强两地群众的密切交往，又增进人们对对方国家及文化的了解。而中国与东盟国家共同举办的传统节庆中，已经具有国际影响的中缅胞波狂欢节，完全可以进一步筹划发展成为世界性的体育狂欢节庆品牌。"[1]

这些节庆活动不仅丰富了东盟人民的文化生活，也为中国与东盟之间的民族体育融合发展提供了良好的群众基础。通过这些活动，人们可以更深入地了解彼此的文化和传统，促进双方的交流与合作，共同推动东盟地区的体育事业发展。

2. 友好外交交往融合发展方式

自中国与东盟启动自由贸易区建设以来，双方不仅在经济上取得了显著的合作成果，同时，在文化交流方面也展现出新的活力。在双方的外交磋商中，民族体育的交流与融合成为一道亮丽的风景线。东盟的藤球队和舞蹈队与中国的武术队、舞蹈队频繁互动，这种跨越国界的体育交流不仅增进了双方的了解与友谊，更促进了体育项目的融合与创新。这种交流的效果显著，双方运动员在技艺上相互学习，共同提高，推动了区域体育事业的发展。

中国—东盟的政治交流为经济、文化交流提供了坚实的保障，而区域合作发展的不断深化又进一步促进了政治交流的频繁与深入。在这一大背景下，民族体育的交流融合成为政治交往的有效途径，其优势在于能够跨越语言和文化障碍，以直观、生动的方式展示双方的文化魅力和合作精神。

（三）范围由小到大的融合发展方式

范围由小到大是指局部地区到整体区域范围。

---

[1] 何传胜，张兆龙，秦尉富，等. 中国—东盟体育文化融合发展现状及对策研究[J]. 西安体育学院学报，2014，31（01）：44.

1. 局部地区

在中国与东盟的广阔合作领域中，体育文化的融合发展占据着举足轻重的地位。局部区域间的融合不仅是推动整体融合的前期途径，更是构建稳定和谐区域关系的基础。要实现体育文化的局部区域融合发展，必须首先贯彻就近原则，深入挖掘边境地区民族文化的传统融合潜力。特别是那些具有深厚族群文化认同的边境地带，通过扶持这些地区的体育文化融合，不仅能够激发本区域的经济活力，促进社会发展，还能有效增进边境地区的和谐稳定，为整个区域的和平发展奠定坚实基础。同时，还应充分利用已建立的经济文化合作发展区域，如中国—东盟经济自由贸易区中的友好发展城市、共同建设的产业园区以及共同开发的合作项目等。这些区域间已建立起稳固的互信基础，为体育文化的融合发展提供了得天独厚的条件。在这些区域，可以通过加强体育交流与合作，推动体育文化的深度融合，进一步巩固与东盟国家的友好关系，为整个区域的繁荣稳定注入新的活力。

2. 整体区域

在推进局部性区域融合发展路径的同时，应逐步扩大融合发展的范围，逐步实现向整体区域的过渡，进而达成中国—东盟体育文化的全面融合发展。

（1）在巩固边境就近地区融合发展的基础上，进一步向中国—东盟的纵深地区推进。当前，东盟国家的龙舟赛、武术拳击竞技等项目的交流已初步从邻近东盟的地区延伸到中国的纵深地区，但涉及的地区仍较为有限，形式和内容也相对单一。因此，需要在主流项目赛事的引领下，进一步丰富项目内容，将融合发展的触角延伸至更多具有丰富体育文化的中小城市和地区。

（2）积极拓展远离中国的东盟国家的融合发展。在全球化进程日益加速的当今时代，便捷的交通条件已极大地缩短了世界的距离。应秉持与时俱进的思维，将远离中国的东盟各国纳入体育文化融合发展的常态化区域，致力于不断扩大彼此融合发展的区域范围。

（3）重点关注那些缺乏基础的地区的融合发展。例如，中国北方的广大地区擅长北狮运动，东部地区则擅长竞技武术类运动，这些与东盟流行的同类体育文化存在显著的差异。目前，这些地区与东盟的交流与融合发展相对较少。因此，通过一定的机制促进两者的融合，这将成为中国—东盟体育文化融合发展新的领域和潜力所在。

二、中国—东盟体育文化融合发展的方法

（一）强化理论思维，引领融合走向

在推动中国—东盟体育融合的伟大进程中，理论思维扮演着至关重要的角色。它不仅是双方文化交流与融合的桥梁，更是促进体育事业共同发展的阶梯。理论思维的建设高度，直接关系到融合的尺度、深度和速度，对于双方体育文化的交流与碰撞具有深远的影响。因此，必须高度重视理论思维的重要性，加强其在中国—东盟体育融合中的引领作用。

要构建完善的理论思维体系，需要坚实的理论基础。辩证唯物主义和历史唯物主义等理论，为审视世界格局与时代潮流提供了有力的工具，同时也帮助认清了体育文化融合的重要性。这些理论基础不仅为提供了思考问题的框架，更为指明了前进的方向。只有站在这样的高度，才能更好地理解中国—东盟体育文化的内涵与价值，为双方的融合与发展奠定坚实的基础。

在构建理论体系的过程中，需要把握其核心要义。一个完整、系统、科学的中国—东盟体育文化融合发展理论体系，应当能够揭示融合的本质，探明其发展的规律，并把握未来的走向。这样的理论体系不仅要有深度，更要有广度，能够涵盖双方体育文化的各个方面。同时，还需要确保理论与实践的有序衔接，让理论真正为实践服务，推动中国—东盟体育融合的深入发展。

在构建理论体系的建议方面，首先要以问题为导向，打造逻辑缜密的理论体系。要针对中国—东盟体育融合中遇到的实际问题进行深入分析，提出切实可行的解决方案。其次，要打破学科疆界，融糅多元学科理论。体育文化的融合不仅涉及体育学本身，还涉及历史学、社会学、文化学等多个学科。因此，需要借鉴这些学科的理论成果，丰富和完善的理论体系。此外，还要保持开放与包容的态度，吸纳外来文化的融合理论资源。通过与国际接

轨，可以学习借鉴其他国家和地区的成功经验，为中国—东盟体育融合的进一步发展提供有力支持。最后，要坚持理论创新与实践探索的双向互动。通过不断地实践探索，可以发现新的问题和挑战，为理论创新提供源源不断的动力。同时，理论创新又可以指导实践探索的方向和路径，推动中国—东盟体育融合的深入发展。

同时，为了确保理论建设的有效性和实用性，还应建立理论建设与项目关联机制。通过鼓励设立重大理论攻关课题，可以将理论研究与具体项目实践相结合，使理论成果能够更好地服务于实践需求。这样不仅能够提高理论研究的针对性和实效性，还能够促进理论与实践的良性互动，推动中国—东盟体育融合向更高层次、更广领域发展。

（二）加速政策供给，加快融合步伐

政策在中国与东盟体育融合中起到了至关重要的作用。首先，它为双方的合作提供了明确的逻辑方向和行动准则。通过制定一系列具体的政策措施，政策为双方的合作确立了目标和路径，使得双方在体育领域的融合有了明确的方向。这不仅有助于减少合作中的误解和分歧，还能提高合作的效率和质量。

此外，政策还为中国与东盟体育融合注入了强大的内生动力。通过提供资金、技术、人才等方面的支持，政策为双方的合作提供了有力的保障，使得双方在体育领域的融合得以顺利进行。这种内生动力不仅推动了双方的合作进程，还激发了双方在体育领域的创新和发展活力。

同时，政策还有助于阐明融合的新概念、新运行、新发展及新趋势。通过深入研究和探讨体育融合的内涵和外延，政策为双方的合作提供了更加深入的理论支持和实践指导。这有助于双方在体育领域形成共识，推动融合进程向更高层次、更广领域发展。

然而，当前的政策也存在一定的局限性。目前，政策主要聚焦于经贸和外交领域，而在体育合作政策中缺乏对体育融合的引导性和指导性关注。这在一定程度上制约了融合进程的推进。因此，制定新型政策来推动中国与东盟体育融合显得尤为重要。

新型政策的制定应着重提升融合意识，营造融合氛围，保障融合质量，并加速融合进程。具体来说，政策制定应考虑以下建议方向：首先，国家层面应引导并凝练专项助推政策，以确保政策的系统性和连贯性；其次，应依托现行政策框架，制定依附性或关联性的政策，以充分利用现有资源并减少政策执行中的阻力；此外，还需要了解东盟各国的差异，制定对口和适用的融合政策，以确保政策的针对性和有效性；同时，政策制定应横向关注多个领域，形成"中国—东盟体育融合＋"政策系列，以推动融合进程在多个领域的全面发展；最后，政策制定应考虑各方权益，筹建融合发展联委会，形成共识性政策输出，以确保政策的公正性和可持续性。

（三）优化空间布局，推动融合效率

民族文化的个性，作为历史长河中的独特烙印，是民族身份认同和文化传承的重要载体。任何试图通过强制或同化手段迅速抹除这些个性，以期实现文化间的快速融合，都显得缺乏理智和深思熟虑。在文化融合这一复杂而又精细的进程中，局部区域的融合不仅构成了整体融合的前期铺垫，更是其稳固的基础。因此，必须遵循文化融合的渐进性规律，从局部的小区域出发，逐步向更大的范围拓展。这一过程中，构建"点—线—面"的空间融合架构显得尤为重要。通过精心布局的"点"，可以在特定区域内形成文化融合的初步实践；随后，这些"点"通过"线"的串联，实现区域间的文化交流与互动；最终，这些"线"的交织，形成广泛而深入的"面"，推动中国—东盟体育文化的全面深度融合。这一融合过程需要耐心细致地推进，不可操之过急。只有逐步浸润，才能让不同文化在交流中相互理解、相互尊重，进而实现真正的深度融合。这样的融合不仅有助于文化的多元发展，更能为区域间的合作与交流打下坚实的基础，共同绘制出一幅全面而深入的融合蓝图。

1. 点——融合的渗透性

在东盟这片充满活力的土地上，融合发展的重要性日益凸显，其渗透性深入各个层面，不仅仅是表面的交融，更是内在的深度结合。特殊空间如孔子学院、孔子课堂、华侨华人社团以及中国文化中心，它们作为融合发展的基石，为探索新的融合动力提供了坚实的基础。

广西与东南亚的友好城市交往，正是这种深入融合的具体体现。广西与东南亚缔结的多对友好城市，不仅在经济贸易上取得了显著成果，更在体育文化的交流融合中发挥了重要作用。这些友好城市交往，为体育文化的融合提供了承载空间，使得不同文化在交流中相互借鉴、共同发展。

此外，融合发展还体现在多个维度上。从文化层面来看，孔子学院和中华文化的传播为东盟国家带来了深厚的文化底蕴；从经济层面来看，经贸热点城市、共建产业园区以及港口物流集散地等项目的推进，为双方的经济合作注入了新的活力。

2. 线——融合的互动性

坚守睦邻、安邻、富邻的理念，强调与周边国家的友好关系，致力于和平、安定和共同繁荣的目标。基于中越、中老、中缅边境线的密切往来，这些地区多年积累的边境交流经验为体育融合发展提供了坚实基础。充分发挥边境居民文化融合的优势，充分利用边境地区多元文化的交融特点，促进体育文化的交流与融合。

为了推动体育的融合发展，积极引导、鼓励并扶持边境线地区的各项工作。政府和相关机构在他的倡导下积极介入，提供政策支持和资源保障，为体育的融合发展创造了良好的环境。此外，他还利用节庆活动如中越京族哈节、中老花山节、中缅泼胞节等，作为提升体育文化融合的平台，通过这些活动深化体育文化的交流与融合，进一步拓展其影响力和深度。

3. 面——融合的延伸性

在深入评估中国—东盟体育文化时，应将点与线的融合作为核心底色。这意味着既要关注各体育文化的独特魅力，又要强调整个区域文化的连贯性。全面而细致地评估中国与东盟各国体育文化的异同，有助于人们更好地认识各自的特色和差异。在此基础上，甄选共通项目成为关键，这些项目应得到双方的共同认可，并具备融合潜力。为确保不同文化间的有效对接，制定明确的规则和统一的标准至关重要。此外，还应通过文化交流、赛事合作等多种方式，对甄选出的共通项目进行多方位、多种类的联动开发，推动文化的深度融合。这些措施不仅有助于提升东盟地区文化融合的广度和深度，还能进一步增强文化影响力的覆盖与扩张。通过实际行动如共同筹办"中国—东盟友好运动会"等，实现体育文化的共享，凝聚价值共识，推动文化融合迈向新的高度。

（四）实施示范工程，打造融合标杆

为了加快中国—东盟体育融合体系的建设，首先要充分发挥社会资源和各部门的积极性。这不仅仅是一个口号，而是需要实实在在地行动。政府部门、企业、社会组织以及个人都应该积极参与到这一伟大事业中来，共同为构建融合体系贡献力量。为此，可以创建一系列融合"示范性工程"，这些工程将成为实践融合理念、探索融合路径的重要载体，为整个区域的体育融合提供宝贵的经验和指导。

设立试验区是推动融合体系建设的又一重要举措。广西、云南等省份作为与东盟国家接壤的地区，具有得天独厚的地理优势和文化背景。在这些地区设立融合试验区，不仅可以深入探索示范工程建设的有效途径，还能为整个区域的体育融合提供宝贵的实践经验。通过试验区的建设，可以积累更多的经验，为未来的融合工作打下坚实的基础。

在推进融合体系建设的过程中，应高度重视培育工作。这包括打造有影响力的高级别融合示范体育赛事、项目和基地。通过这些赛事和项目的举办，可以吸引更多的关注和参与，形成样板效应，推动整个区域的体育融合。同时，这些基地的建设也将为融合工作提供有力的支撑和保障。

为了更好地推动融合工作，需要依托融合示范平台进行"先行先试"的探索。这些平台将成为尝试新举措、新方法和新路径的重要阵地。通过在这些平台上的实践，可以不断总结经验教训，为各地融合发展提供参考和借鉴。这种"先行先试"的方式将有助于更加科学地推进融合工作，避免走弯路。

在推动融合体系建设的过程中，还应关注品牌建设。实施"精品化战略"和"品牌化战略"，将有助于提升融合产业化和规模化发展水平，增强影响力和竞争力。通过打造具有地方特色和文化内涵的品牌赛事和活动，可以吸引更多的游客和投资者，推动当地经济的发展。

加强宣传也是推动融合体系建设不可或缺的一环。利用交互媒体资源积极宣传示范工程，提升融合认同度，营造良好社会氛围。通过媒体的力量，可以让更多的人了解和支持融合工作，形成全社会共同参与的良好局面。

（五）加强民间沟通，赢得融合民心

在探讨中国与东盟文化融合发展的过程中，官方与民间的双重结构显然是不可忽视的重要因素。官方层面以其权威性推动合作的深化，而民间则以其灵活性弥补官方推进的不足，共同构成了文化融合发展的多维动力。

国家间的文化交流与合作，其根基在于民众之间的理解与信任。官方层面的硬性融合，虽然具有其必要性，但往往容易引发外界的误解和防备。因此，将官方的硬性融合逐渐转向民间的软性渗透，不仅有助于消除误解，降低文化合作国的防备心理，更能深化双方文化的内在融合。具体到中国与东盟的民间文化融合，民族体育文化是一个重要的领域。中国与东盟各国都拥有丰富的民族体育资源，这些资源在民间有着深厚的基础和广泛的群众基础。通过充分利用现有的民间交流平台，如各类民间友好大会、教育交流周等，植入民族体育文化的元素，可以有效增进双方的了解和信任，推动民族体育的融合发展。

此外，民间体育组织在东盟地区的体育活动中扮演着重要的角色。这些组织往往具有非官方的特征，更能贴近民众，反映民众的真实需求。因此，构建民间体育组织的资源网络，加强相互间的交流与合作，对于推动中国与东盟的民间体育文化交流具有重要意义。

最后，还应充分利用华侨、华人、留学生等文化交流载体。他们熟悉中国与东盟国家的社会文化环境，可以发挥桥梁作用，推动双方文化的深入交流与融合。通过他们的努力，可以培育出更多致力于中国与东盟体育融合发展的专业人才，为双方的文化交流与合作注入新的活力。

总之，中国与东盟的文化融合发展是一个长期而复杂的过程，需要官方与民间的共同努力。通过加强民间的软性渗透和文化交流，可以有效推动双方文化的深度融合，为构建更加紧密的中国—东盟命运共同体奠定坚实的基础。

第六章 "一带一路"背景下中国与东盟体育文化的传播发展

第一节 "一带一路"背景下中国体育文化的传播研究

一、"一带一路"背景下中国体育文化传播的必要性

（一）传承华夏文明，弘扬中华优秀传统文化

从中央层面的政策导向观察，不难发现近年来我国对于文化发展的重视程度呈现出日益增强的趋势。从《中共中央关于深化文化体制改革、推动社会主义文化大发展大繁荣若干重大的决定》，到对文化传承与创新的强调，再到"一带一路"国家战略中对于文化交流与合作的深化，这一系列政策举措都凸显了对于优秀传统文化的传承与弘扬，以及树立文化自觉和文化自信的坚定立场。

中国文化的博大精深与历史悠久，提供了丰富的文化资源。在这片广袤的土地上，56个民族共同创造并维系着各自独特的文化形态，这些文化形态相互交织、相互影响，共同构成了中华民族文化的绚丽画卷。在这个过程中，不仅需要在传承中保持文化的原真性，更要加快文化的传播步伐，让更多的人了解、认同并热爱中华文化。

"达则兼济天下，穷则独善其身"这一传统理念，深刻体现了中国文化的精髓。它所表达的儒道互补思想，既强调个人的修身养性，又注重社会的和谐共生。作为中国传统优秀文化的代表，儒道思想在当下社会仍具有极高

的价值。应该通过各种途径和方式,将其传承与传播出去,让更多的人领略到中华文化的独特魅力。

此外,茶文化、丝绸文化、唐装文化等也是中华文化的重要组成部分。这些文化形态都带有鲜明的中国烙印,它们所蕴含的历史底蕴、审美价值以及文化内涵,都是值得人们深入挖掘和利用的宝贵资源。通过加强对这些文化元素的开发与利用,可以更好地展示中国文化的独特魅力,提升国家文化软实力。

值得一提的是,中国民族传统体育文化在近年来逐渐受到关注。武术、太极拳等体育项目不仅具有深厚的文化底蕴,更在传承中不断创新发展,成为展示中国文化的重要窗口。这些运动项目所体现的"养生""养性""养心"理念,与现代人的健康追求高度契合,因此在全球范围内都受到了广泛的欢迎和认可。通过推广这些体育项目,可以让世界更好地了解中国文化的内涵与价值。

儒家思想文化作为中国传统文化的重要代表,对体育价值观的影响深远。孔子提出的"志于道,据于德,依于人,游于艺"等理念,不仅为古代体育的发展提供了思想指导,也为现代体育价值观的构建提供了重要参考。同时,孔子体育理念中的"仁礼"思想,对于培养现代人的道德品质、促进社会和谐具有重要意义。

(二)增进各国人民的人文交流与文明互鉴

"一带一路"倡议,作为新时期中国的国家战略,不仅是对古代丝绸之路精神的传承与发扬,更是中华文明在新时代对欧亚大陆乃至全球进行的第二轮文化与经济交流的重要载体。这一战略标志着中国与世界在更深层次上的交融与发展,是中国为推动构建人类命运共同体所作出的大胆尝试和积极贡献。

在"一带一路"的建设过程中,文化的作用至关重要。它是连接中国与世界的桥梁,是沟通历史与现实的纽带。文化不仅是民族精神的体现,更是国家软实力的核心。因此,在推进"一带一路"建设的各项工作中,文化应当被置于优先位置,发挥其基石作用。通过文化的交流与传播,可以打破国与国之间的隔阂,增进相互理解,为共建国家的深度合作奠定坚实的基础。

值得一提的是,文化的发展并不是孤立的,它与政治、经济、科技、教育等领域都有着紧密的联系。文化的繁荣与发展,不仅能够提升人们的精神境界,丰富人们的精神生活,还能够为国家综合实力的提升提供有力支撑。在"一带一路"建设中,文化交流与传播更是发挥着举足轻重的作用。它不仅能够展示中国文化的独特魅力,增强中国的国际影响力,还能够促进共建国家之间的文化互鉴与融合,推动形成多元共存、和谐共生的文化格局。

体育作为文化的重要表现形式之一,在"一带一路"文化传播中发挥着独特而重要的作用。通过举办体育赛事、加强体育交流与合作,不仅能够增进共建国家之间的友谊与互信,还能够推动中华优秀传统文化的传播与推广。在这个过程中,体育成为人文交流与文明互鉴的重要载体,为"一带一路"建设注入了新的活力与动力。

"一带一路"倡议的涉及范围广泛,影响深远。中国已经与多个国家达成了合作共识,并进入了实质性的实施阶段。这一倡议不仅为中国的发展提供了新的机遇和空间,也为共建国家的共同繁荣与发展提供了强大的动力和支持。欢迎所有有意愿的国家共同参与这一伟大事业,共同建设一个繁荣、和谐、文化交融的世界大家庭。

在"一带一路"建设中,文化传播呈现出双向互动的特点。既要充分展示中国文化的独特魅力,让世界更好地了解中国、认识中国、欣赏中国;同时也要积极吸收共建国家的文化精华,实现文化的相互借鉴与融合。这种双向互动的文化传播方式,不仅能够增进共建国家之间的友谊与互信,还能够为"一带一路"建设提供强大的精神动力和文化支撑。

(三)夯实中国同共建国家合作的民心相通基础

在国与国的交往中,有句古语道出了真谛:"国之交在于民相亲,民相亲在于心相通"。这句话深刻揭示了国家间交往的实质,强调了人民之间的亲近程度对于国家关系的重大影响,同时也指出了心灵一致在促进人民亲近中的核心作用。国家之间的友好交往,离不开人民之间的深厚情谊,而这种情谊的根基,又在于心灵的相通与理解。

在"一带一路"这一宏伟倡议中,实现"民心相通"更是被赋予了极高的战略意义。它不仅是合作的关键所在,更是消除障碍、获得广泛认可与支持的重要前提。只有当沿线各国人民心灵相通,才能真正理解并认同"一带一路"的理念和目标,从而为这一倡议的实施提供有力的民心支撑。

然而,"民心相通"并非易事,它是"五通"中最具挑战性的任务。要实现这一目标,就必须统一人们的思想和认识,使他们在精神层面上达到共鸣和认同。这需要我们深入了解不同国家的文化、历史、价值观等,尊重彼此的差异,寻求共同点和交集,从而建立起深厚的情感纽带。

在"一带一路"倡议中,"民心相通"不仅是文化维度的体现,更是其他互通得以实现的关键基石。无论是政策沟通、设施联通、贸易畅通还是资金融通,都离不开民心相通的支撑和推动。因此,我们需要充分发挥中国文化的影响力,积极推动各国间的文化交流、沟通与合作,通过丰富多彩的文化活动、教育交流、旅游合作等方式,增进人民之间的了解和友谊,为"一带一路"建设营造和谐的社会氛围。

同时,也要清醒地认识到,民心相通的不牢固会严重威胁"互联互通"的可持续性。因此,必须以文化为先导,持续不断地促进民心相通,为其他方面的合作奠定坚实的社会心理基础。只有这样,才能共同谱写"一带一路"的和谐乐章,推动构建人类命运共同体。

(四)扩大文化产业规模与对外贸易,实现经济互利

体育产业作为当今社会的绿色朝阳产业,不仅具备强大的生命力,还承载着诸多重要的社会功能。它不仅能够显著增强国民体质,为国家的长远发展提供坚实的健康基础,还能有效提升国家的创造力与社会活力,为社会的和谐稳定贡献力量。更为重要的是,体育产业已成为国际经济发展与合作的重要资源,通过体育赛事的举办、体育产品的贸易等方式,促进了各国之间的经济交流与合作。

在"一带一路"这一宏大背景下,体育文化的传播更是扮演着举足轻重的角色。随着共建国家间的交流与互动日益频繁,体育文化的传播不仅促进了各国文化的交流与融合,更为共建国家的经济发展注入了新的活力。通过

体育文化的交流,各国人民增进了相互了解与友谊,为经济合作奠定了坚实的基础。同时,体育产业的繁荣发展也为共建国家带来了可观的经济效益,推动了区域经济的整体提升。

然而,要实现从文化传播到经济利益增长的转变,还需要在体育产业的输出模式上进行创新。需要将体育产业与旅游业、服务业等产业进行深度融合,打造具有中国特色的体育文化产业体系。通过开发具有地方特色的体育旅游项目、推广优质的体育服务等方式,吸引更多的国内外游客参与其中,从而推动体育产业的经济效益最大化。

在规划体育产业时,应充分结合当地的体育文化特色,打造具有区域特色的体育品牌。通过深入挖掘和整理当地的体育文化资源,将其与现代体育元素相结合,形成独特的体育品牌。这些品牌不仅可以成为推广当地文化的重要载体,还能吸引更多人参与到体育活动中来,推动体育产业的持续发展。

此外,应积极推动体育文化与旅游业、服务业的跨界合作。特别是在"一带一路"国家经济合作中,体育文化的跨界合作将发挥更加重要的作用。通过建立体育文化旅游专线、举办跨国体育赛事等方式,将体育产业的影响力拓展至更广泛的区域,为更多国家带来长远的发展利益。

(五)提升城市综合影响力,形成若干城市开放高地

在"一带一路"的宏伟蓝图中,共计18个省被纳入其中,每个省份都根据其独特的地理位置和资源优势,明确了对外合作的重点方向。这样的布局旨在全面提升我国的对外开放水平,通过加强东中西部地区的合作互动,充分发挥各地区的比较优势,共同构建开放型经济新体制。

在西北和东北地区,新疆作为向西开放的窗口,承担着深化与中亚、南亚、西亚等国家交流与合作的重任。陕西和甘肃则依托其综合经济文化优势,为这一区域的开放合作提供了有力支撑。同时,宁夏和青海的人文优势也为该地区的国际合作注入了独特魅力。

西南地区,广西与东盟国家陆海相邻的独特优势使其成为构建面向东盟的国家通道的关键节点。云南则凭借其优越的地理位置,努力打造成为面向

南亚、东南亚的辐射中心,为区域合作搭建起坚实的桥梁。

沿海与港澳台地区,长三角、珠三角、环渤海等经济开放高地利用其强大的经济实力和便捷的港口条件,成为21世纪海上丝绸之路的核心区域。这些地区的开放合作不仅推动了自身经济的发展,也为整个"一带一路"倡议的实施提供了强大动力。

至于内陆地区,虽然不沿海不沿边,但其广阔的纵深、丰富的人力资源以及扎实的产业基础,都为内陆地区的开放合作提供了有利条件。通过推动区域互动合作和产业集聚发展,内陆地区正逐步建设成为内陆开放型经济高地,为国家的对外开放战略贡献着重要力量。

二、"一带一路"背景下中国体育文化传播的可行性

(一)"古代丝绸之路"的经验

古代丝绸之路,这条具有两千多年历史的商业贸易路线,起始于中国古代,横跨亚、欧、非三大洲,为当时的世界带来了繁荣与机遇。它不仅是一条商贸通道,更是中西文化交流的重要桥梁,对双方产生了深远的影响。

在这条古老的道路上,商品贸易往来频繁,东西方文化相互碰撞、融合。中国的丝织品、陶瓷、玉器等精美工艺品通过丝绸之路传播到世界各地,同时,西方的金银、珠宝、药物等物品也源源不断地流入中国。这种物质交流的背后,是更深层次的文化交流。儒教、道教等中国宗教文化在丝绸之路上传播开来,而西方的文化、宗教、政治、经济等方面的思想也深刻地影响了中国。

丝绸之路的历史进程中,涌现出众多杰出的历史人物。张骞、郑和、班超、玄奘等人,他们的足迹遍布丝绸之路,为这条古老的通道注入了新的活力。他们的探险、贸易、文化交流等活动,推动了丝绸之路的发展和繁荣,也为后世留下了宝贵的历史遗产。

如今,"一带一路"倡议被视为古代丝绸之路在新时代的延续和重生。它借鉴了古丝绸之路的成功经验,旨在推动沿线各国的经济、文化、宗教、教育等领域的交流与合作。与古代丝绸之路相比,"一带一路"在传播方式

上进行了升级和创新,利用现代科技手段,实现了更高级别的交流与合作。

(二)基础设施建设的完备

"一带一路"倡议作为推动全球化进程的重要战略,涵盖了五大关键领域:政策沟通、设施联通、贸易畅通、资金融通、民心相通。其中,设施联通作为这一宏大构想的基础,对整体建设起到了举足轻重的作用。

设施联通的内涵丰富,它首先体现在实体交通设施的建设上。铁路、公路、航空和海上航线的完善与拓展,不仅提升了陆海空交通的便捷性,更促进了国际运输的高效化。这些交通基础设施的建设,不仅加强了共建国家的联系,也为贸易、文化、旅游等多个领域的交流与合作铺平了道路。

与此同时,设施联通还包括互联网的建设与发展。在互联网时代,信息交流与合作的广度与深度直接影响着国家间合作的成效。因此,提升国际通信水平,拓宽信息交流与合作的领域,成为设施联通的另一重要方面。这不仅有助于共建国家更好地分享资源、技术与管理经验,也为体育文化传播等软实力建设提供了有力的支持。

在"一带一路"建设中,通过打通瓶颈路段、实现道路对接,不仅能够促进共建国家多边贸易的发展,还能够为体育文化传播等文化交流活动提供更加便捷的通道。这种以基础设施建设为先导的发展模式,既符合经济规律,也符合文化交流的内在需求。

近年来,随着"一带一路"建设的深入推进,基础设施建设取得了显著进展。中巴经济走廊、中蒙俄经济走廊等项目的推进,高铁、铁路、港口建设的有序进行,都是"一带一路"建设的具体成果。这些项目的实施不仅提升了共建国家的交通便捷性,也为体育文化的传播与交流提供了更加广阔的舞台。

现代媒体在"一带一路"建设中发挥着越来越重要的作用。通过互联网、微信、微博等新媒体平台,可以构建沿线各国的网络连接,实现信息的快速传播与共享。在体育文化传播方面,这些新媒体平台提供了更加便捷的途径,可以通过图片、文字、视频等多种形式展示我国体育文化的魅力,提升我国体育文化的知名度和影响力。

为了更有效地传播体育文化,需要制定更加精准的策略。通过官方网站和电子商务平台,可以定期发布体育活动的信息、分享体育故事、展示体育成果,吸引更多人的关注和参与。同时,还可以设立专业的管理机构,提供人性化的网络服务,为体育文化的传播与交流提供更加专业的支持。

(三) 中国体育文化自身的优势

中国是一个幅员辽阔、多民族共存的国家,拥有着56个民族,他们在这片古老的土地上共同谱写了丰富多样的文化篇章。这种多元性不仅体现在语言、服饰、习俗等方面,更在体育文化上展现出独特的魅力。"中国体育文化立足几千年文化的历史长河,是中国文化的重要组成部分,对于发展体育事业,弘扬体育文化,提高中国文化软实力方面意义重大。"[①]

中国的体育文化,深受儒、道两种思想文化的熏陶。儒家文化,以孔子为代表,强调仁爱、礼制,对体育文化的影响在于培养人们的道德情操和团队精神;而道家文化,以老子、庄子为代表,主张顺应自然、无为而治,其影响下的导引、气功、五禽戏、八段锦等传统体育项目,则更加注重个人的身心和谐与养生健体。

中国体育文化的优势在于其多样性与特殊性。多民族背景使得体育文化呈现出百花齐放、各具特色的态势,而传统文化的深厚底蕴则为体育注入了独特的内涵。这种融合了养生健体、道德教育、娱乐竞技于一体的体育文化,既符合现代人的健康追求,又承载着深厚的民族情感。

此外,中国体育文化在对外传播方面也具有独特的优势。其植根于中华民族的文化样式,具有稳定的结构形态和顽强的生命力,这使得中国体育文化在走向世界的过程中能够保持其独特性和吸引力。通过选择不同种类的传播内容,可以充分展示中国民族传统体育文化的多样性,发挥其在国际传播中的极致作用。

(四) 中国各地区的区位优势

在"一带一路"这一宏伟的战略构想中,中国已经明确圈定了18个省

---

① 张清元."一带一路"背景下体育文化传播策略研究[J].当代体育科技,2021,11(04):207-208.

市作为关键节点,其中新疆、甘肃、福建等省市在规划中发挥着不可或缺的作用。这些被圈定的省市不仅有着明确的定位,还在政策的引领下,积极推动与共建国家的经济合作与文化交流,为"一带一路"的顺利推进贡献了巨大力量。

然而,像山东、湖北、河北等未被明确提及或定位模糊的省份,同样有着不可小觑的潜力和价值。这些省份应充分发挥主观能动性,积极开放海外市场,努力探索与共建国家的合作新模式,争创对外开放新优势。它们可以通过加强基础设施建设、优化营商环境、提升产业竞争力等方式,不断提升自身在"一带一路"中的影响力。

此外,那些未被圈定的省市,如江西、四川、贵州等,也积极参与到了"一带一路"的建设中来。它们根据自身特点和优势,明确自身定位,为"一带一路"贡献着独特的力量。这些省份的积极态度和行动,不仅有助于推动自身经济的发展,也为"一带一路"的深入实施注入了新的活力。

值得一提的是,一些省份的省属城市如青岛、烟台、长沙等,已经完全投入到了"一带一路"的规划与实施中。它们利用自身独特的地理优势和产业基础,加强与共建国家的经贸合作和文化交流,成为推动"一带一路"建设的重要力量。

占据重要战略地位的省份及其省属城市,如宁波、义乌、武汉等,更是积极响应"一带一路"的号召,充分发挥自身优势,推动与共建国家的深度合作。这些城市和地区的发展,不仅提升了自身在国际舞台上的地位,也为中国的对外经济、文化、教育、贸易等领域的交流与合作做出了重要贡献。

(五)国家和国际组织的认同

自 2013 年"一带一路"倡议构想提出以来,经过多年的努力与实践,这一宏伟蓝图已经取得了令人瞩目的成绩。这一战略不仅为中国的对外开放和经济发展注入了新的活力,也为共建国家乃至全球经济的繁荣与发展提供了强大动力。

在共建国家的范围上,初期确定的 64 个共建国家,涵盖了约 44 亿人口,这些国家与中国的合作基础坚实,发展潜力巨大。随着"一带一路"倡议的深入推进，越来越多的研究者认为，共建国家的范围应有更广泛的界定。凡是认同这一战略并积极参与其中的国家，都应当被视为共建国家。这种开放包容的态度，使得"一带一路"倡议的国际影响力不断扩大。

截至目前，已有多个国家和国际组织对"一带一路"倡议作出积极响应与支持，这一数字已经远远超出了原先界定的范围。这些国家和组织与中国签署了一系列政府间合作协议，将"一带一路"的战略构想转化为具体的行动计划和项目。同时，合作领域的不断深化也体现了各国对"一带一路"倡议的认可与信任。

在金融机构的支持方面，亚洲基础设施投资银行和丝路基金等金融机构已经投入运作，为"一带一路"共建国家的基础设施建设提供了有力的资金支持。这些金融机构的成立与运作，不仅缓解了共建国家资金短缺的问题，也促进了中国与这些国家之间的经济交流与合作。

中蒙俄经济走廊作为"一带一路"倡议的代表性项目，已经率先启动并推动相关规划纲要的签署。这一项目的成功实施，不仅为三国之间的经济合作提供了有力支撑，也为其他经济走廊的建设提供了宝贵的经验。此外，文化交流与民心相通也是"一带一路"倡议的重要组成部分。通过举办文化年、艺术节等活动，设立奖学金吸引外国青年学习等方式，增进了共建国家人民之间的相互了解和友谊。同时，"丝绸之路书香工程"等项目的推进，也为共建国家的文化交流与知识传播搭建了重要平台。

此外，在体育文化交流方面，"一带一路"倡议也发挥了重要作用。通过倡议利用"一带一路"平台，促进共建国家体育文化的传播与交流，不仅丰富了人们的文化生活，也增强了共建国家之间的友谊与合作。

三、"一带一路"背景下中国体育文化传播的原则与任务

（一）"一带一路"背景下中国体育文化传播的原则

1. 合作与开放相结合

开放性原则与封闭性相对，它着重强调传播形式的开放性质，为信息的流通提供了更广阔的空间。这一原则彻底改变了传统的文化单向传播方式，

转而提倡双向互动的文化交流模式。这种交流模式不仅增加了信息传播的深度和广度,也促进了不同文化之间的碰撞与融合。

在全球化的大背景下,文化传播的合作与开放相结合原则,是对外开放基本国策的深入贯彻,也是顺应时代潮流的必然选择。它打破了地域和文化的界限,使得各种文化元素得以在全球范围内自由流动。特别是在体育文化传播领域,开放性原则意味着扩大参与范围,欢迎任何愿意参与的国家、组织和个人。这种开放的态度不仅有助于提升体育文化的国际影响力,也能让更多的人共享体育带来的快乐与激情。

通过开放性的体育文化传播,旨在让"一带一路"倡议的成果惠及更多国家和个人,促进共建国家之间的文化交流与理解,为构建人类命运共同体贡献力量。

2. 传承与创新相结合

"一带一路"新倡议的提出,不仅顺应了国际社会对于和平、发展、合作的共同追求,而且为传统文化的传承与现代文化的创新赋予了新的丰富内涵和深远意义。在这一倡议的引领下,中华传统文化的传承与现代文化的发展迎来了前所未有的机遇。

中国传统文化,作为中华民族智慧的结晶和历史遗产的展现,源远流长、博大精深。它包含了丰富的哲学思想、道德伦理、文学艺术以及科技发明,为中华民族的发展提供了强大的精神支撑。在"一带一路"对外开放的过程中,传承中华优秀传统文化的精髓,不仅是对历史的尊重,更是对未来的担当。

但传统文化在形成过程中也难免具有局限性。因此,在保护与传承的过程中,需要秉持扬弃的态度,取其精华、去其糟粕。这样,才能在传承中创新,在创新中发展,使传统文化焕发新的生机与活力。

同时,传播传统文化也需要结合时代特点,适应时代发展。要从社会经济发展、文化受众需求、现实生活、现代精神、文化碰撞和科学技术手段等多个方面寻找定位和方向。只有这样,才能在全球化的大背景下,更好地推广和传播中华传统文化,增强文化自信,提升国家软实力。

对于民族传统体育文化而言，它更是需要从教育、赛事、文化传承等多个方面综合发展，才能生生不息、绵延不绝。通过举办各类体育赛事、加强体育教育、推动文化交流等方式，可以让更多的人了解和喜爱民族传统体育文化，使其在新的时代背景下焕发出新的光彩。

3. 传统与现代相结合

在人类历史的长河中，文明的多样性一直是世界的基本特征，它如同璀璨的星空，每个文明都是其中独特而闪耀的星星。这种多样性不仅展示了人类的丰富性，更是推动社会进步的源泉。不同的文明之间，有的只是地域的特色和文化的独特，而无高低、优劣之分。它们各自闪耀着独特的光芒，共同构成了人类文明的壮丽画卷。

文明之间的差异，本应成为进步的动力，而非冲突的根源。应当以开放和包容的心态去理解和接纳不同的文明，从中汲取智慧，互相学习，共同进步。这种文化差异不仅提供了丰富的精神资源，更提供了相互借鉴、共同发展的可能。

以体育文化为例，西方体育文化重视身体的塑形和竞技的激烈，它追求的是速度和力量的极致；而中国传统体育文化则更注重身心的和谐与健康，它追求的是内在与外在的平衡。这两种体育文化虽然有着明显的差异，但正是这种差异使得它们可以相互补充，共同推动人类体育事业的发展。

尽管目前西方体育文化在国际上占据了主导地位，但中国传统体育文化所蕴含的深厚哲学思想和人文关怀，为西方体育文化的进一步发展提供了独特的视角和补充。坚持中西方体育文化的结合，不仅可以推动体育事业的繁荣，更有助于实现和谐世界的目标。

4. 共建与共享相结合

在全球化的大背景下，共建与共享的关系显得尤为重要。它们互为前提与目的，共同创造成果并共享，而非独占。这种理念在五大发展理念中占据核心与归宿的地位，尤其在体育文化传播中体现得淋漓尽致。

在"一带一路"的宏伟蓝图下，体育文化传播的目标坚定地坚守着共享理念。它不仅仅是一种文化的交流，更是一种理念的传递，旨在促进共建国家的友好往来与深度合作。共建共享与可持续发展的关系紧密相连，相互促进，共同推动着体育文化的繁荣发展。

对于中国而言，共建共享的原则在体育文化全球传播中具有重要意义。它有助于实现可持续传播，让中国的体育文化走向世界，增强国际影响力。在实践应用中，中国尊重各国利益，发挥各自优势，寻求合作机会，共同提供优质的公共服务产品。

共享作为体育文化发展的核心关注点，旨在实现有效的文化传播。中国希望通过共建共享的理念，推动各国体育文化的相互借鉴与融合，共同开创一个多元、包容、和谐的体育文化交流新局面。

（二）"一带一路"背景下中国体育文化传播的任务

1. 传播重点内容

中国的体育文化，是一个从低级到高级不断演变与进步的历程，这一过程充分展现了其内在的动态性和积极的进步性。随着时代的变迁，中国的体育文化日益丰富多彩，成为国家文明建设的重要组成部分。

然而，体育文化并非一成不变，它既有其积极的贡献，也有其历史局限性。优秀的体育文化能够为社会主义文明建设提供源源不断的营养，但同时，一些陈旧的观念和实践也可能成为阻碍其发展的障碍。这种精华与糟粕交织的状态，正是体育文化双重性的体现。

因此，在面对体育文化的复杂状态时，需要做出科学、合理、自觉地选择。这需要深入理解体育文化的内涵，审慎判断其优劣，以推动其健康发展。同时，在传播过程中，还应立足实际，充分考虑受众的心理需求和心理承受力，选取适合受众接受并能突显民族特色和社会主义国家内涵的体育文化内容。

在传播方式上，更应注重多元化。政府、企业、社会组织、个人等不同的传播主体，都应发挥其独特的优势，利用各自的传播方式，对不同线路选择不同内容进行各有侧重的传播。这样的多元传播方式，不仅能够提高体育文化的传播效果，也能够更好地满足广大受众的多样化需求。

2. 创新融合传播

在"一带一路"倡议的广阔背景下,我国体育文化的传播被赋予了新的历史使命。为了有效推动体育文化的广泛传播,必须强调优秀传播内容与创新传播方式的重要性。

选择优秀的传播内容,是推广体育文化的首要任务。这需要深入挖掘体育文化的精髓,选择具有独特魅力和广泛吸引力的内容,展现我国体育文化的深厚底蕴和独特魅力。同时,传播方式的创新也至关重要。要积极探索新颖的传播渠道和手段,运用现代科技手段,提高传播的效率和效果。

此外,体育与旅游的融合也是推动体育文化传播的重要途径。通过体育与旅游的结合,可以充分利用丰富的体育文化资源,推动旅游业的转型升级和体育休闲产业的快速发展。发展多种旅游形式,如运动休闲、体验、赛事观赏等,能够满足不同受众的需求,进一步促进体育文化的传播与体育旅游业的发展。

同时,应积极倡导体育与信息技术的融合。利用云计算、大数据、物联网等新一代信息技术,与体育服务、产品、赛事等产业融合创新,打造线上线下相结合的体育文化传播新方式。这将有助于提升体育文化传播的效率和广度,推动体育产业的创新发展。

第二节 中国与"一带一路"沿线关键国家双边体育交流价值

一、双边体育交流政治价值

"一带一路"倡议的政治发展战略是维护各共建国家的政治安全,为国家发展战略创造一个良好的外交环境,促进区域内各国家之间的政治交往与合作。体育这一外交手段相比于严肃的政治外交要更加的亲民,并富有灵活性。可在政治交往的过程中放大体育为国家政治利益服务的意识,体育交流活动也可为"一带一路"建设一个传播氛围,为各国讲好自己的故事提供良好平台。特别是当两国政治关系处于低潮时,相比于两国进行严肃正式的政治外交，体育具有亲和性、渗透性以及轻松灵活等特点，可以达到较好的外交效果。在"一带一路"倡议提出之前，我国与其他国家就曾多次利用体育外交行为加强国家间的政治互信，并展示国家政治形象。除此之外，进行双边体育交流往往也有利于打破政治僵局，缓解两国之间的政治局面。

近年来，每当两国在政治上出现分歧，体育外交手段往往成为缓和双边关系的重要工具。而在体育交流中，体育赛事的交流尤为活跃，这些赛事可以由两国的政府机构来组织，也可以联合各国的体育协会共同举办，呈现出多元化的举办主体。尽管有时两国政治关系紧张，但现代奥林匹克精神所倡导的"更快、更高、更强、更团结"理念却为各国所广泛认同。这一精神强调参与的重要性，倡导和平发展、和谐与进步，与"丝绸之路精神"在内涵上高度契合。因此，在"一带一路"倡议的背景下，将体育双边交流活动作为政治交往的一种途径，具有重要的价值和意义。

二、双边体育交流经济价值

"一带一路"建设对于中国以及共建国家的经济发展有着重大的意义。在大量资本投入、基础设施建设、技术和资源、能源和高新技术引入的同时，也加强相关产业"走出去"力度。体育作为一种社会活动，在"一带一路"国家经贸交往中，体育交流的经济性不容忽视。

当前，中国体育产业增长速度较快，而且结合供给侧结构性改革，体育产业发展的质量和效益呈良好态势发展，体育产业已成为中国经济新一轮增长非常重要的"潜在力量"。作为朝阳产业和绿色产业，体育将为国家带来长远的效益。放眼"一带一路"沿线一百多个伙伴关系国家，其中发展中国家所占比例约为90%，发达国家寥寥无几，各国支柱性产业多种多样，但主要以能源产业、工农业为主，反观欧美发达国家体育产业GDP占比均超过了1%，可成为支柱性产业带动国家经济发展。

所以"一带一路"国家也需要像体育产业这样的服务业为各国创造经济价值。但在传统观念下，体育产业资源由边缘国家向中心国家聚集，应先以"一带一路"各区域内关键国家为体育交流起点，在"一带一路"倡议下，通过举办体育赛事、开展体育论坛等手段公平合理分配体育资源，再以各区域关键国家为中心，与各区域的边缘国家进行双边交流，发展更多的潜在消费者，用体育产业这种绿色的方式带动各国经济增长，创造价值。

中国体育产业近年来呈现出蓬勃发展的态势，得益于国内体育政策的积极推动，其发展速度日益加快。近年来，中国成功举办了一系列国际体育赛事，这些大型赛事的举办，极大地推动了中国体育产业中体育用品制造、体育场地设施建设以及场馆服务业的迅猛发展。相比之下，"一带一路"国家的体育设施建设相对滞后。而中国体育场馆建设行业拥有强大的产能，能够为这些共建国家提供体育基础设施建设的支持。通过加强体育设施建设，为"一带一路"区域内的体育交流提供坚实的物质基础，进而构建一个促进体育产业发展的交流平台。这一平台将体育作为桥梁，助力区域内各国实现经济协同发展的目标，共同开创更加美好的未来。

三、双边体育交流文化价值

在推进与"一带一路"共建国家和地区的深入交往中，文化交流与传播扮演着至关重要的角色。

文化软实力作为衡量国家综合国力和国际影响力的重要标准，其内涵丰富，形式多样。其中，体育作为我国优秀传统文化的重要组成部分，不仅是社会活动的生动体现，更是文化传承与展示的重要载体。在人文领域，体育以其独特的魅力，为不同文化背景下的个体提供了交流与互动的平台。

将体育与文化有机结合，不仅有助于展示我国文化的多元与包容，更能通过体育活动的形式，加深"一带一路"沿线各国人民之间的情感联系与相互理解。体育活动中的竞技与合作，是文化交流的生动实践，也是民心相通的桥梁纽带。通过体育这一"活载体"，能够更加深入地推动文化交流，促进各国人民的互动与了解，共同构建人类命运共同体。

"一带一路"倡议为中国体育文化的国际化发展提供了历史机遇和一个新的空间，双边体育交流的文化价值主要体现在两国间举办体育赛事和各国特色体育展示交流活动的过程中。例如中哈、中俄之间每年都会举办体育赛事，如中哈的男排挑战赛、汽车拉力赛等，中俄之间的夏（冬）青年运动会、汽车拉力赛也均是年年举办。这些双边体育赛事在成功举办后更是拉近了两国人民的距离，以赛事这个载体促进民心相通。体育展示交流活动的代表就是中华武术，我国可以以此为双边体育交流的重要契机，在出访沿线各国时，以武术这一源于中国、发于中国的无声语言来与各国人民进行文化的交流互动。在展示的过程中，把我国的文化输送到"一带一路"上的各个角落。"一带一路"上的国家也可用这种方式，选取各国有代表性的体育项目，如蒙古的马上项目、中东欧的冰雪项目等等，在展示的同时进行文化的交流与互动，以体育的方式加深国家间的相互了解。

与此同时，在传播本国文化的同时，也要结合共建国家文化特色，了解和研究要去了解其他国家的文化内涵，不论是官方性体育交流活动还是民间非官方体育交流活动，都要与各国之间的各类政策相呼应。在官方的帮助下，进行正确深入地交流。除此之外，不仅仅局限于体育方面的交流活动，更是去深入认识他国其他传统文化，以体育的手段去接触，互通有无，做到真正的文化互鉴，民心相通。

第三节 "一带一路"背景下中国—东盟体育文化的交流发展

一、"一带一路"背景下中国—东盟体育文化交流的内部因素

在"一带一路"倡议的推动下，中国与东盟国家在体育文化交流方面的互动日益频繁。其中，内部因素的作用不可忽视，它们为双方的合作奠定了坚实的基础。

第一，地理位置的相近性是中国与东盟国家在体育文化交流上的天然优势。中国与东盟国家毗邻而居，这为双方之间的人员往来和文化交流提供了极大的便利。地理位置的接近性不仅缩短了交流的空间距离，还使得双方在体育活动和赛事的举办上能够相互支持、共同参与，促进了体育文化的传播和发展。

第二，文化多样性是双方体育文化交流的重要动力。中国和东盟国家都拥有丰富多彩的文化遗产和体育运动项目。中国的传统武术、龙舟等文化元素与东盟国家的武术、拳术等传统体育项目在章法套路上各具特色，相互吸引。这种文化多样性不仅为双方的交流与合作提供了广阔的空间，也使得双方在体育文化交流中能够相互学习、相互借鉴，共同推动体育文化的创新与发展。

第三，历史渊源的深厚也是推动中国与东盟国家体育文化交流的重要因素。中国与东盟国家在历史上有着悠久的交往与合作传统，双方形成了共同的文化认同和价值观。这种历史渊源使得双方在体育文化交流中能够更容易地产生共鸣和理解，推动体育文化的交流与传承。

第四，政策的推动也为双方的合作提供了有力的支持。中国政府一直高度重视与东盟国家的体育交流与合作，通过制定相关政策、举办交流活动等方式积极推动双方在体育领域的合作。这些政策的实施为双方的合作提供了良好的环境和条件，使得双方在体育文化交流中能够取得更加显著的成果。

第五，随着社会的进步和人们生活水平的提高，社会对体育运动的关注和需求也在不断增加。中国与东盟国家之间的体育交流与合作符合社会的广泛需求，有助于促进全民健身和竞技体育的发展。这种社会需求的存在为双方的合作提供了强大的动力和支持。

第六，国际环境的变迁也为双方的合作提供了新的机遇。在全球化的背景下，国际间的体育交流与合作日益密切。中国与东盟国家作为亚洲重要的经济体和文化交流中心，有责任和义务加强在体育领域的合作与交流，为推动亚洲乃至全球的体育事业发展贡献力量。

二、"海上丝绸之路"背景下中国—东盟体育文化交流合作策略

（一）政府提供政策指引和支撑

第一，政府应制定明确的体育文化交流政策，明确合作目标、原则和内容。政策应强调双方的共同利益和互补性，推动双方在体育设施、赛事活动、人才培养等领域的深度合作。同时，政策还应鼓励民间组织和企业的积

极参与，形成政府主导、多方参与的体育文化交流格局。

第二，政府可以设立专项基金，用于支持中国与东盟之间的体育文化交流活动。这些基金可以用于资助体育赛事、培训项目、文化交流活动等，为双方提供必要的物质保障。此外，政府还可以通过税收减免、贷款优惠等措施，鼓励企业和个人参与体育文化交流活动，形成多元化的资金来源。

第三，政府应加强体育文化交流的基础设施建设。这包括建设体育场馆、训练基地、体育公园等，为双方提供优质的体育设施和服务。同时，政府还应加强体育设施的互联互通，推动双方在体育设施共享、赛事联合举办等方面的合作。

第四，政府应积极推动体育人才培养和交流。通过设立奖学金、举办培训班、开展互访交流等方式，培养一批具有国际视野和跨文化交流能力的体育人才。这些人才可以成为中国与东盟体育文化交流的重要桥梁和纽带，推动双方在体育领域的深度合作。

第五，政府应加强对体育文化交流活动的监管和评估。通过建立完善的监管机制，确保体育文化交流活动的质量和效益。同时，通过对活动的评估和总结，不断优化合作策略，提升合作水平。

（二）坚持多元交流方式

在探讨中国与东盟的体育文化交流时，不得不提及双方所秉持的多元化交流理念。无论是定期举办的体育赛事还是临时性的体育盛事，都成为双方加深了解、增进友谊的重要桥梁。特别是在广西南宁这一重要节点城市，中国—东盟武术节、中国东盟国际马拉松等大型体育活动的举办，不仅丰富了体育文化的内涵，更在博览会期间或之后为双方提供了独特的交流平台，有力推动了体育与经贸的深度融合。

南宁作为中国—东盟博览会的永久举办地，其汇聚的多元化资源为广西与东盟的体育交流注入了源源不断的活力。在这里，体育赛事不仅仅是竞技的场所，更是文化交流与合作的舞台。这种深度交融的态势，不仅夯实了双方合作的民意基础，也为未来的合作指明了方向。

在当前全球经济一体化的背景下，体育文化交流成为连接不同国家和地区的重要纽带。中国与东盟国家应敏锐把握这一机遇，通过举办更多具有影响力的体育赛事，深化双方在体育领域的交流与合作。同时，各省份也应结合自身特色与优势，积极融入 21 世纪"海上丝绸之路"的建设中，开展更为广泛而深入的体育文化对话。

例如，青岛这样的海滨城市，完全可以利用其丰富的航海和帆船运动资源，开展与东盟国家的海上运动交流与合作。这不仅可以展示中国传统武术的独特魅力，也可以推动双方在体育领域的共同发展，为 21 世纪"海上丝绸之路"的全面建设贡献积极力量。通过这样的交流与合作，不仅丰富了体育文化的内涵，也为双方的全面合作奠定了坚实的基础。

（三）培养体育文化交流人才

人，作为文化的产物与传承者，是文化交流中最为活跃且关键的因素。体育文化，作为文化的一种重要表现形式，其交流与传播同样离不开人的参与和推动。在中国与东盟的体育文化交流中，人才队伍建设显得尤为关键。培养具备跨文化交流能力的体育人才，对于深化双方体育文化的理解与交融具有重大意义。这些人才不仅应当掌握扎实的体育专业知识，还需具备出色的语言沟通能力、文化敏感性和国际视野。他们将是推动中国与东盟体育文化交流的重要力量，有助于拓宽交流渠道、丰富交流内容、提升交流水平。

针对东盟这一多元民族、多元文化的区域性组织，我国高等教育和研究机构应当积极行动起来，致力于培养复合型体育文化交流人才。通过设立相关课程、开展实践项目、建立合作机制等方式，为这些人才提供全面地培养与支持。同时，鼓励他们赴东盟留学或访学，深入了解当地文化，增进相互理解。此外，为东盟留学生和访华学者提供学习、研究的便利条件和良好环境，也是促进双方体育文化交流的重要途径。

通过不断优化体育文化交流人才培养路径，可以为中国与东盟的体育文化交流提供坚实的智力保障。这些人才将在未来的交流中发挥重要作用，推动双方体育文化的深度融合与发展，为构建更加紧密的中国－东盟命运共同体贡献力量。

（四）以民心相通为基石

民心相通是"一带一路"倡议发展的内在要求，21 世纪"海上丝绸之路"作为"一带一路"的重要组成部分,增强民心相通也是发展的必经之路。中国与东盟体育文化交流对应"五通"中的民心相通,在民心相通的发展需求下,中国与东盟的体育文化交流要与民心相通的理念内涵相融合,将促进民心相通作为体育文化交流的重要目标。在21世纪"海上丝绸之路"的发展中,中国与东盟的民心相通位居前列。在中国与东盟进行体育文化交流的活动中,以民心相通为基石,进一步在体育赛事、体育援助、体育产业等方面增强互动互通,形成人文互鉴典范,为中国与21世纪"海上丝绸之路"其他国家的体育文化沟通交流,提供启示,以体育文化交流为重要桥梁,促进各国在其他领域开展更多的合作交流,发挥人文交流的互信互鉴力量,打通"一带一路"更大范围的互信道路。

在推进中国与东盟的体育文化交流中,增强双方民心相通很重要。体育文化交流不仅是促进文化互信、增进人民相互了解的桥梁,更是展示中华优秀传统文化和综合国力的窗口。因此,在体育赛事中融入具有中国特色的表演活动,讲述动人的文化故事,能够给东盟来访的民众留下深刻印象,激发他们与中国开展人文交流合作的热情。如今,中国与东盟的体育文化交流已不再是中国单方面的努力,而是双方共同奔赴、共同推动的人文盛事,为双方之间的沟通与理解注入了新的活力。

三、"一带一路"背景下广西与东盟体育交流合作的发展模式

广西地处于我国面向东盟开放合作的门户和交流枢纽,建立连接东盟的国际性大通道前景广阔,拥有中国—东盟自由贸易区"升级版"经济发展的独特资源和区位优势,为广西与东盟国家乃至世界的互联互通提供良好的外部环境。在人文交流方面,发挥广西与东盟国家地理相连,习俗相近的优势,强调人文体育交流在与东盟国家建立全方位合作发展关系的重要作用。扩大对外体育交流特别是"一带一路"国家的交流合作,坚持全面对外开放。为配合中国—东盟多层次、宽领域、全方位开放合作的国家外交政策服务,拓宽我国与东盟国家合作交流合作领域,充分发挥广西天然的交流枢纽的作用。将广西与东盟国家的体育运动风俗习惯相似和人文价值观相近加以

融汇，有助于广西打造成与东盟国家开展体育交流的东盟中心。当前广西面向东盟国家开展了多种形式的对外体育交流得到了东盟各国的踊跃参与。

（一）体育代表团互访

广西地区在体育领域的对外交流得益于中国—东盟自贸试验区"升级版"所提供的独特区位和贸易政策优势，这使得广西与东盟国家间的体育活动日渐活跃和频繁。体育代表团的互访对于双方体育事业的共同进步具有重要意义。通过互访，我们不仅可以学习借鉴其他国家和地区的先进体育管理经验和方法，同时也能够宣传我国的体育政策，展示广西体育的独特魅力和风采。此外，这种互访还加强了与当地政府间的沟通与联系，为广西地区谋求了更多的发展机遇。广西与东盟国家的体育代表团互访主要集中在越南和泰国等国家，交流内容主要涉及体育发展经验的分享、武术领域的深入交流以及赛事合作经验的探讨等。

随着"一带一路"建设合作的范围不断开拓，对广西体育代表团出访的要求也随之提高。广西应谋求体育交流渠道的拓展，丰富体育交流的内容，加强体育文化对外交流合作的层次和领域。把体育互访列入发展计划之中，使得更有目的性地开展体育互访活动。

（二）邀请东盟国家参与中国—东盟系列国际体育赛事

随着国际奥林匹克运动在全球范围内的蓬勃发展，体育竞赛的多元化功能愈发凸显，大型体育赛事层出不穷，其规模更是呈现出几何级的增长态势。各国竞相承办世界顶级体育竞赛活动，这不仅是对本国或地区综合实力的考量，同时也是一场无形国力竞争的博弈。知名体育赛事的影响力能够转化为城市的国际影响力，因此，赛事的主办权成为城市抓住的发展机遇。国际体育赛事具有巨大的牵动效应，能够推动申办城市产业结构的优化重组，吸引体育赛事举办地各体育领域的资金投入，刺激消费，促进体育关联行业资产组合的合理化，进而推动体育产业升级的优化发展。同时，它还能加速体育区域间的合作，促进就业，推动旅游业及其他相关产业的发展。然而，体育赛事也面临着市场改革、持续发展、继承与创新的新课题，需要不断探索和创新。

第六章 "一带一路"背景下中国与东盟体育文化的传播发展

近年来,国家出台了多项关于指导边境地区如何有效配合国家外交发展战略的指南,为广西如何全方位与东盟国家开展形式多样的交流活动提供了理论和政策依据。广西作为"一带一路"倡议的中国门户,应利用"一带一路"+体育赛事的组合打造中国—东盟体育交流新局面。

从赛事举办区位方面来看,广西地处"三南"(华南、西南、中南)和东盟国家的相交点,既有地缘优势,也有海上通道,具有体育对外开放的有利条件和特有的地理互通的特点,为广西开展双边体育外交提供了实际因素。而由于地理和历史的原因,除了生活习俗相似之外,广西与相邻东南亚国家的交往历史更是悠久,体育传统文化也有着不少相同之处。

广西的区位优势和拥有与东盟国家悠久的交流史优势的共同作用,使其利用举办大型体育赛事"一带一路"倡议释放其影响作用的重要舞台。

广西主办的中国—东盟系列赛事涵盖多个项目类群,紧跟国家的政治风向标,满足了开展体育对外交流的需要。"广西与东盟长久以来一直开展形式多样的传统体育活动,由之前的群众自发组织到转向由政府引导,市场主导的模式。随着广西'一带一路'建设与东盟国家之间的契合度越来越高,所举办的赛事日趋呈现出高度专业化水准,表现出了广西体育赛事系统化、大众化、理论化、多样化的特点。"[1]

(三)体育援外任务与接待来访训练

体育外交在国家的对外政策中扮演着重要角色,它不仅有助于营造积极的国际人文环境,增进各国人民之间的友谊,还服务于中国的和平崛起战略。政府部门通过积极参与人文交流活动,以体育为媒介,努力达成国家的对外战略目标,进而维护国家利益。在这些努力中,对外体育援助成为实现国家外交目标的重要和平途径之一。

中国已向多个发展中国家提供了多样化的体育援助项目,并援建了多个体育训练与竞赛场馆及其配套设施。这些援助形式多样,包括派遣与受援国需求相匹配的体育技术人员、提供体育产品、提供赛事服务以及开展体育项

---

[1] 张承仕."一带一路"背景下广西与东盟国家体育交流与合作现状及发展模式研究[D].南宁:广西民族大学,2017:29-30.

目合作指导等，旨在帮助受援国摆脱贫困，实现体育事业的可持续发展。在广西与东盟国家的体育合作中，广西积极派出各优势体育项目的技术人员前往越南、老挝、缅甸、新加坡等东盟国家进行体育援助。涉及的体育项目包括举重、乒乓球、蹼泳、射箭等。

由于越南与我国广西接壤，而且广西具有很多优秀运动项目值得越南前来吸取经验，因此来广西训练的运动队主要以越南国家为主。广西通过对东盟国家提供系列体育优势项目的援助，增进了与各国人民之间的友谊，促进了两国之间的体育人文交流融合，满足了东盟国家和地区对体育事业发展的需求。这对宣传国家形象，获得国际社会普遍认可，推动国际体育事业，维护地区和平作出了重大贡献。

（四）成立系列中国—东盟体育组织机构

中国一直以来都在争取国际体育组织中的话语权，而世界知名的赛事或组织坐落在哪一座城市，往往代表了这座城市的综合实力。广西通过国家政策的指引规划建设了中国—东盟体育交流合作实验园区，以此作为体育对外交流的大平台，争取吸引中国—东盟友好运动会、亚太地区大众体育健身协会常设机构及秘书处等知名体育组织落户广西。

近年来，广西通过多种官方和社会渠道，接洽世界各类单项竞技体育协会和国际体育组织，试图吸引其优势资源入驻广西，如广西体育部门通过社会组织的搭桥，引进了世界顶级的青少年足球训练体系，使广西拥有了享誉世界足坛的荷兰海牙青训中心的培训点，从而吸引更多东盟国家的运动员来广西训练。而广西与亚太地区大众体育健身协会经过多年的沟通交流与合作，与其在广西共同举办了中国—东盟青年体育领导人研讨培训班，同时与我国体育总局和相关行政部门共同创办两会一体的中国东盟大众体育合作发展论坛和亚太大众体育合作发展论坛。2011年11月于南宁举办了首届论坛，来自东盟十国、亚洲及大洋洲地区大众体育协会、港澳台地区及国内的专家学者和体育官员围绕"大众体育、健康和谐、合作发展"的主题，做了27个关于大众体育的高端专题演讲，并发表了旨在促进亚太和中国—东盟地区大众体育发展与合作的纲领性文件《南宁宣言》。确立了每两年举办一届论坛,并根据近年世界大众体育的热点问题设为论坛主题。论坛以搭建世界与亚洲的大众体育桥梁,尤其是中国与东盟国家的大众体育交流媒介为宗旨,通过分析某一国家或地区大众体育开展的现状与特色、谋求体育国际交流合作的机遇与对大众体育未来的发展动向进行研讨,最终达到增进中国与东盟人民的友谊,提高大众健康水平,有效推动大众体育的科学发展,拓展体育交流与合作渠道的目的。

参考文献

[1] 白刚，刘江，洪霏. 体育理论教程［M］. 北京：国防工业出版社，2000.

[2] 曹可强. 体育产业概论［M］. 上海：复旦大学出版社，2004.

[3] 常李静. 21 世纪"海上丝绸之路"背景下中国－东盟体育文化交流研究［D］. 北京：首都体育学院，2022：38－40.

[4] 陈德钦，尹继林. 中国－东盟民族传统体育文化比较研究［J］. 体育文化导刊，2017（7）：89－94.

[5] 陈姣，李洪涛. 少数民族传统体育文化传承［J］. 当代体育科技，2023，13（23）：110－113.

[6] 陈优君，刘雪凯. 基于地名载体的传统体育文化传承探析［J］. 浙江体育科学，2023，45（5）：82－86.

[7] 郭燕. 新媒体时代体育文化建设研究［M］. 延吉：延边大学出版社，2021.

[8] 何传胜，张兆龙，秦尉富，等. 中国－东盟体育文化融合发展现状及对策研究［J］. 西安体育学院学报，2014，31（01）：44.

[9] 李乃琼. 中国－东盟民族体育的融合发展以文化差异的视角［M］. 北京：中国社会科学出版社，2018.

[10] 李生财，焦向东，张一民. 中国－东盟民族传统体育融合发展的问题与路径［J］. 广西社会科学，2023（7）：67－72.

[11] 李爽. 基于文化自信的我国体育文化产业发展研究［J］. 文体用品与科技，2023，15（15）：59－61.

[12] 李小红，赵悦乔，经建坤. 中国—东盟职业教育合作的进展、挑战及应对策略 [J]. 中国职业技术教育，2021（36）：70－75.

[13] 李晓栋，吕夏颀. 学校体育改革的文化逻辑 [J]. 体育学刊，2018，(1)：91－92.

[14] 李鑫，王园悦，秦丽. 体育文化建设与高校体育教学模式研究 [M]. 北京：中国纺织出版社，2019.

[15] 梁剑，丁宁. 中国－东盟体育交流合作策略研究 [J]. 运动，2010（10）：144－145.

[16] 刘湘溶. 体育文化建设六论 [M]. 长沙：湖南师范大学出版社，2022.

[17] 刘艳. 网络化背景下民族传统体育文化传播 [J]. 文体用品与科技，2023，13（13）：196－198.

[18] 刘长青. 文化自信下民族传统体育文化传承分析 [J]. 文体用品与科技，2023，20（20）：79－81.

[19] 陆长英. 东盟国家节庆类民族传统体育特点研究 [J]. 广西教育（高等教育），2021（6）：156－157.

[20] 罗军委. 当代中国竞技体育精神文化内涵与建设研究 [D]. 南昌：江西师范大学，2017：59.

[21] 孟令忠，原建军，张平. 社会转型时期中国城市社区体育文化建设初探 [J]. 体育与科学，2006，(3)：23－24.

[22] 施吉瑞. 体育文化的德育价值研究 [D]. 扬州：扬州大学，2013：14－16.

[23] 史妍春，刁庆阳，刘渊，等. 家庭体育文化对幼儿体育行为的影响研究 [J]. 武术研究，2023，8（7）：154－156.

[24] 檀传宝. 学校道德教育原理修订版 [M]. 北京：教育科学出版社，2003.

[25] 涂海宁，庞菲. "一带一路" 倡议下中国与东盟民族传统体育交流合作 [J]. 当代体育科技，2022，12（03）：128－130.

[26] 王保龙, 尹树来, 谭朝文, 等. 我国民族传统体育文化国际传播能力建设探赜 [J]. 体育文化导刊, 2024 (1): 15-21.

[27] 王浩, 李乃琼, 尹继林, 等. 东盟民族体育文化的融合发展及其启示 [J]. 广西社会科学, 2018 (06): 90.

[28] 王淑艳, 顾伟黎, 王志玲. 民族传统体育文化传承及发展研究 [J]. 文体用品与科技, 2023, 13 (13): 98-100.

[29] 王妍妍. "一带一路" 背景下我国体育文化的传播研究 [D]. 曲阜: 曲阜师范大学, 2017: 27-38

[30] 王壹伦, 曹庆雷. 我国优秀传统体育文化对外传播能力建设研究 [J]. 体育文化导刊, 2023 (4): 34-40, 48.

[31] 吴娟丽, 王康锋. 中国面向东盟国家的体育文化传播研究 [J]. 武术研究, 2023, 8 (9): 148-150.

[32] 伍艺昭, 吕万刚. 民族体育文化产业赋能乡村振兴思考 [J]. 体育文化导刊, 2024 (2): 82-87.

[33] 奚凤兰, 高中玲, 杜志娟. 生态文明背景下我国农村体育文化建设研究 [M]. 西安: 西安交通大学出版社, 2017.

[34] 尹继林, 李乃琼. 中国—东盟民族体育文化交流研究 [J]. 广西社会科学, 2015 (01): 48.

[35] 于可红, 谢翔, 夏思永. 体育文化 [M]. 桂林: 广西师范大学出版社, 2003.

[36] 袁宏. 体育文化多维度研究 [M]. 长春: 吉林出版集团股份有限公司, 2022.

[37] 张承仕. "一带一路" 背景下广西与东盟国家体育交流与合作现状及发展模式研究 [D]. 南宁: 广西民族大学, 2017: 29-30.

[38] 张佃波. 体育强国战略下我国体育文化的重塑与发展研究 [M]. 长春: 吉林出版集团股份有限公司, 2022.

[39] 张清元. "一带一路" 背景下体育文化传播策略研究 [J]. 当代体育科技, 2021, 11 (04): 207-208.

［40］张云天．中国与"一带一路"沿线关键国家双边体育交流研究［D］．北京：首都体育学院，2022：24－27．

［41］赵文力．中华体育文化特征与传承推广策略［J］．体育文化导刊，2023（9）：29－34．